인생의 절반쯤 왔을 때 읽어야 할

논어

인생의
절반쯤 왔을 때
읽어야 할

인생이 보일 때면
논어가 들린다

논어

공자 지음 | 박훈 옮김

탐나는책

예로부터 우리나라에는 인人과 덕德을 중요시하는 풍습이 있었다. 그러나 빠르게 변화하는 오늘날의 사회 속에서 우리는 우리 문화의 근간이라 할 수 있는 올바른 인성과 도덕적 관념을 쌓지 못한 채, 그것의 결여에 따른 수많은 사회 문제가 야기되는 현실에 맞닥뜨리고 있다. 정신적 풍요가 행복의 시금석이라는 것을 잊어가고 있는 것이다.

이 책은 하루하루 치열하게 살아가고 있는 우리들에게 살아온 길을 돌아보게 하고 앞으로 살아갈 여정에 있어 어떻게 사는 것이 진정 행복한 삶이며, 성공적인 삶인가에 대한 깨달음을 준다고 할 수 있다.

동양의 대표적 학문으로 도덕과 윤리를 근간으로 한, 사상과 철학의 어머니라 할 수 있는 『논어』는 공자의 말, 공자와 제자 사이의 대화, 공자와 당시 사람들과의 대화, 제자들의 말, 제자들 간의 대화 등으로 구성되어 있고, 공자라는 인물의 사상과 행동을 보여주려는 데 초점이 맞추어져 있다. 기본적으로는 공자의 어록에 가까우며 동양의 정서를 보여주는 학문의 근원이자 출발로, 2,500년을 넘어 오늘에 이르기까지 동양인에게 정신적 스승의 역할을 해왔다.

공자는 현대를 살아가는 우리에게 정신적 스승이요, 『논어』는 삶의 이치를 깨우치게 하는 인생의 수양서이다. 종교적 성인으로 예수(『성경』)와 석가모니(『불경』)를 들 수 있다면 공자의 『논어』는 인본주의 사상을 기본이념으로 인생을 보람되고 아름답게 살게 하는 길라잡이라 하겠다.

　사회, 경제적인 심각한 불균형 속에 앞으로 어떻게 살 것인가에 대한 불안감과, 무엇이 진정한 행복인가에 대한 고민 속에 침착되어 있는 오늘날, 이 책을 통하여 과거 선인들의 삶 속에서 행복의 해답을 찾고 진정한 행복의 요건을 깨달아 진취적이고 긍정적인, 굳건한 자기 마인드를 찾기를 바란다.

옮긴이 **박훈**

제1장

학이 學而

논어의 첫 편으로 학문을 배우는 사람이 힘써야 할 덕목에 관한 글이 많이 실려 있다.
학문은 곧 도에 들어가는 첫 관문이며, 덕을 쌓는 근본이다.
공자는 모르는 것을 부끄럽게 여기지 말고
깨달은 사람을 찾아 바르게 배우고 천도를 실천하라고 강조했다.

배움의 즐거움

子曰 學而時習之면 不亦說乎아
자왈 학이시습지 불역열호

有朋이 自遠方來면 不亦樂乎아
유붕 자원방래 불역락호

人不知而不慍이면 不亦君子乎아
인부지이불온 불역군자호

공자께서 말씀하셨다.

"배우고 때때로 익히니 또한 기쁘지 않으냐? 뜻을 같이 하는 친구가
멀리서 찾아오니 또한 즐겁지 않으냐? 남들이 나를 알아주지 않아도
노여워하지 않으니 참으로 군자가 아니겠느냐?"

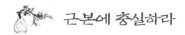 근본에 충실하라

有子曰 其爲人也孝弟요 而好犯上者鮮矣니
유 자 왈 기 위 인 야 효 제   이 호 범 상 자 선 의

不好犯上이요 而好作亂者는 未之有也니라
불 호 범 상   이 호 작 란 자   미 지 유 야

君子는 務本이니 本立而道生이요 孝弟也者는 其爲仁之本與인저
군 자   무 본   본 립 이 도 생   효 제 야 자   기 위 인 지 본 여

유자가 말하였다.

"부모에게 효도하고 웃어른을 공경하면서 윗사람의 마음을 거스르기 좋아하는 사람은 드물다. 윗사람의 마음을 거스르지 않으면서 질서를 어지럽히길 좋아하는 사람은 아직까지 없었다. 군자는 근본에 힘써야 하니 근본이 서야 도가 생긴다. 부모에 대한 효도와 형제에 대한 공경이 바로 인을 이루는 근본이다."

해설

인仁은 공자 사상의 핵심으로 남을 사랑하는 덕행이라는 뜻이다. 사람은 하늘로부터 착한 성품을 받아 지니고 있다. 그 착한 성품의 기본이 곧 인심仁心이다. 인은 인심을 바탕으로 모든 사람과 자연 만물을 사랑하고 키워주는 인덕仁德의 핵심이다. 인은 인간 사회에서 윤리 도덕의 핵심이 되고, 자연 세계에서는 만물을 육성하고 발전하게 할 사랑의 핵심이 된다.

보이는 것이 전부가 아니다

子曰 巧言令色이면 鮮矣仁이니라
자 왈 교 언 영 색   선 의 인

공자께서 말씀하셨다.

"말을 잘 꾸미고 얼굴빛을 곱게 꾸미는 사람들 중에는 어진 이가 드 물다."

해설

사람을 사귈 때 아첨과 아부, 그리고 사람을 홀리는 미색을 경계하라는 의미이다. 남에게 환심을 사기 위해 말만 번지르르하게 꾸며대고 진정성도 없이 남의 비위만 맞추는 사람치고 진실한 사람은 적다는 뜻이다.

세 가지 반성

曾子曰 吾日三省吾身하노니 爲人謀而不忠乎아
증자왈 오일삼성오신   위인모이불충호

與朋友交而不信乎아 傳不習乎아
여붕우교이불신호   전불습호

증자가 말하였다.

"나는 날마다 세 가지 일에 대하여 자신을 반성한다. 남을 위해 일을 도모함에 있어 마음을 다하지 못한 것은 없었는가? 친구와 사귐에 있어 신의를 저버린 일은 없었는가? 배운 것을 제대로 익히지 못한 것은 없었는가?"

해설

자기반성은 수양과 인격 도야의 바탕이다. 사람은 누구나 허물이 있으며 실수를 할 수 있다. 중요한 것은 실수나 허물을 깊이 반성하고 두 번 다시 되풀이하지 않는 것이다.

나라를 다스리는 사람의 태도

子曰 道千乘之國하되 敬事而信하며
자 왈 도천승지국   경사이신

節用而愛人하며 使民以時니라
절 용 이 애 인   사 민 이 시

공자께서 말씀하셨다.

"나라를 다스릴 때는 일을 신중하게 처리하여 백성들의 신뢰를 얻어야 하며, 씀씀이를 절약하고 인재를 아껴야 하며, 백성들을 동원할 때에는 적절한 시기를 가려서 해야 한다."

해설

위정자들은 백성의 신뢰를 잃어서는 안 되고, 세금을 함부로 거두지 말아야 하며, 바쁜 농사철에는 백성을 강제로 부역에 동원하지 말아야 한다는 내용을 담은 것으로 이는 공자가 생각하는 도덕정치의 목표였다.

먼저 인성을 갖춘 뒤에 학문을 닦아라

子曰 弟子入則孝하고 出則弟하며 謹而信하며
자왈 제자입즉효   출즉제   근이신

汎愛衆하되 而親仁이니 行有餘力이어든 則以學文이니라
범애중   이친인   행유여력   즉이학문

공자께서 말씀하셨다.

"젊은이들은 집에 들어가서는 부모에게 효도하고 밖에 나와서는 어른들에게 공손하며, 언행을 성실하고 미덥게 해야 한다. 널리 사람들을 사랑하되 특히 인덕 있는 사람들과 가까이 지내야 한다. 이렇게 행하고도 남는 힘이 있으면 그 힘으로 글을 배우는 것이다."

진정한 배움

子夏曰 賢賢하매 易色하며 事父母하매 能竭其力하며
자하왈 현현　　　역색　　　사부모　　　능갈기력

事君하매 能致其身하며 與朋友交하매 言而有信이면
사군　　　능치기신　　　여붕우교　　　언이유신

雖曰未學이라도 吾必謂之學矣라 하리라
수왈미학　　　　오필위지학의

자하가 말하였다.

"어진 사람을 어질게 여기는 것을 아름다운 미인을 좋아하듯이 하고,
부모를 섬김에 있어 자신의 힘을 다하며, 임금을 섬김에 있어 자신의
몸을 바칠 줄 알며, 벗과 사귐에 있어 언행에 믿음이 있다면 비록 배
운 게 없다 할지라도 나는 그를 일러 배운 사람이라 할 것이다."

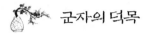 군자의 덕목

子曰 君子不重則不威니 學則不固니라
자 왈 군 자 부 중 즉 불 위   학 즉 불 고

主忠信하며 無友不如己者요 過則勿憚改니라
주 충 신   무 우 불 여 기 자   과 즉 물 탄 개

공자께서 말씀하셨다.

"군자가 신중하지 않으면 위엄이 없고 학문도 견고함이 없다. 충성과 신의를 지키며, 자기보다 못한 사람을 벗으로 사귀지 않아야 하고, 허물이 있으면 고치기를 꺼리지 말아야 한다."

아랫사람을 잘 다스리기 위해선 윗사람부터 모실 줄 알아야 한다

曾子曰 愼終追遠이면 民德이 歸厚矣리라
증자왈 신종추원   민덕 귀후의

증자가 말하였다.

"부모의 장례를 엄숙히 치르고 조상의 제사를 정성스럽게 잘 받들면 백성들의 덕이 한결 두터워질 것이다."

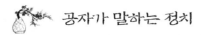

공자가 말하는 정치

子禽問於子貢曰 夫子이 至於是邦也하사 必聞其政하시나니
자 금 문 어 자 공 왈   부 자   지 어 시 방 야   필 문 기 정

求之與아 抑與之與아
구 지 여   억 여 지 여

子貢曰 夫子는 溫良恭儉讓以得之시니
자 공 왈 부 자   온 양 공 검 양 이 득 지

夫子之求之也는 其諸異乎人之求之與인저
부 자 지 구 지 야   기 저 이 호 인 지 구 지 여

자금이 자공에게 물었다.

"선생님(공자)께서는 어느 나라에 가시든지 그 나라 임금으로부터 정
치에 관한 이야기를 듣게 되시는데, 그것은 선생님께서 먼저 요청하
신 것입니까? 그 나라에서 자발적으로 자문을 구하는 것입니까?"

자공이 말하였다.

"선생님께서는 온화, 선량, 공손, 검소, 겸양의 인품으로 인하여 자연
히 듣게 되는 것입니다. 선생님께서 정치에 관심을 갖는 것은 다른
사람들이 정치 권력에 가까이 하고자 하는 것과 다릅니다."

공자는 학문과 덕행을 겸비한 군자들을 배양하고 그들을 현실정치에 참여시킴으로써 인정仁政과 덕치德治를 실현하고자 했다. 그래서 공자는 여러 나라를 방문했고, 가는 곳마다 그 나라 임금과 정치에 대한 논의를 펼쳤다.

예에도 절제가 필요하다

有子曰 禮之用이 和爲貴하니 先王之道斯爲美니라
유자왈 예지용   화위귀   선왕지도사위미

小大由之이나 有所不行이니라
소대유지   유소불행

知和而和로되 不以禮節之면 亦不可行也니라
지화이화   불이예절지   역불가행야

유자가 말하였다.

"예를 이루는 데에는 화합이 중요하다. 옛 왕들의 도는 이것을 아름
답다고 여겨서, 작고 큰 일들에서 모두 이러한 이치를 따랐으나 그렇
게 해도 세상에서 통하지 못하는 경우가 있다. 화합을 이루는 것이
좋은 줄 알고 화합을 이루되, 예로써 절제하지 않는다면 또한 세상에
서 통하지 못하는 것이다."

공손이 지나치면 비굴해 보인다

有子曰 信近於義면 言可復也며 恭近於禮면 遠恥辱也며
유자왈 신근어의 언가복야 공근어례 원치욕야

因不失其親이면 亦可宗也니라
인불실기친   역가종야

유자가 말하였다.

"약속한 것이 의로움에 가깝다면 그 말을 실천할 수 있고 남을 공경
하되 예에 가까워야 치욕스런 일을 당하지 않을 것이다. 남을 의지하
되 인을 잃지 않는 사람이라야 비로소 그를 존경하고 지도자로 삼을
수 있다."

해설

거짓이나 도리에 어긋나는 약속은 지켜질 수가 없는 것이다. 공손한 것은 좋지만 그
것이 지나치면 비굴하게 보여 수치를 당할 수 있다. 따라서 공손함에도 절도를 지키
는 것이 필요하다.

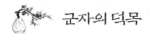 군자의 덕목

子曰 君子食無求飽하며 居無求安하며 敏於事而愼於言이오
자 왈 군 자 식 무 구 포　　　거 무 구 안　　　민 어 사 이 신 어 언

就有道而正焉이면 可謂好學也已니라
취 유 도 이 정 언　　　가 위 호 학 야 이

공자께서 말씀하셨다.

"군자는 배불리 먹기를 구하지 않고, 편안한 삶을 추구하지 않는다.

일을 민첩하게 하고 말을 신중히 하며 도를 좇아 바르게 해야 한다.

그래야 가히 배우기 좋아하는 사람이라 말할 수 있다."

진정으로 도를 즐기는 사람

子貢曰 貧而無諂하며 富而無驕하면 何如하니이까
자 공 왈 빈 이 무 첨   부 이 무 교   하 여

子曰 可也나 未若貧而樂하며 富而好禮者也니라
자 왈 가 야   미 약 빈 이 락   부 이 호 례 자 야

자공이 말하였다.
"가난하면서도 남에게 아첨하지 않고 부유하면서도 교만하지 않으
면 어떻겠습니까?"
공자께서 말씀하셨다.
"그 정도면 괜찮다. 그러나 가난하면서도 도를 즐기고, 부유하면서도
예를 좋아하는 사람만은 못하다."

먼저 타인을 제대로 보는 눈을 깨쳐라

子曰 不患人之不己知요 患不知人也니라
자 왈 불 환 인 지 불 기 지   환 부 지 인 야

공자께서 말씀하셨다.

"남이 나를 알아주지 않음을 걱정하지 말고 내가 남을 제대로 알지
못함을 걱정해야 한다."

해설

학문은 자기 수양을 위해서 하는 것이다. 설사 남이 나를 알아주지 않더라도 노여워
하거나 불평을 하면 안 된다. 그러면서 항상 나보다 현명하고 덕이 높은 사람을 찾고
그 사람에게 배우고 나 자신을 발전시켜야 한다.

제2장

위정 爲政

공자는 정치란 무릇 바르게 해야 한다고 주장했다.
정치에 임하는 사람들은 학문과 덕을 쌓고
자기 수양으로 인격을 완성한 다음에 정치에 참여해야
백성들을 사랑하고 올바르게 다스리며 어진 정치를 펼칠 수 있다고 강조했다.

爲政

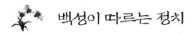 백성이 따르는 정치

子曰 爲政以德이면 譬如北辰이 居其所이어든 而衆星共之니라
자 왈 위 정 이 덕   비여북신   거기소   이 중 성 공 지

공자께서 말씀하셨다.
"정치를 덕으로써 하면 이는 마치 북극성이 제자리에 있으되, 뭇별들
이 그것을 에워싸고 따르는 것과 같으니라."

해설

정치의 기본은 법이나 규제가 아닌 덕이어야만 한다. 예로부터 덕으로 다스리면 백
성들은 정치가의 덕을 사모하면서 따랐던 것이다. 이것이 바로 덕치주의德治主義로
공자가 추구하는 이상 정치이다.

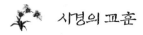 ## 시경의 교훈

子曰 詩三百에 一言以蔽之하니 曰 思無邪니라
자 왈 시 삼 백 　 일 언 이 폐 지 　 왈 사 무 사

공자께서 말씀하셨다.

"『시경』에 있는 삼백 편의 시를 한마디로 말하자면 '생각에 거짓됨이 없다'는 것이다."

 ## 백성을 변화시키는 것은 덕과 예

子曰 道之以政하고 齊之以刑이면 民免而無恥니라
자 왈 도 지 이 정 　 제 지 이 형 　 민 면 이 무 치

道之以德하고 齊之以禮면 有恥且格이니라
도 지 이 덕 　 제 지 이 례 　 유 치 차 격

공자께서 말씀하셨다.

"백성들을 정치로 이끌고 형벌로 다스리면 백성들은 벌을 면하고도 부끄러움을 못 느낀다. 그러나 덕으로 이끌고 예로써 다스리면 염치를 알고 또 잘못을 바로잡게 된다."

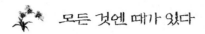 모든 것엔 때가 있다

子曰 吾十有五而志于學하고 三十而立하고 四十而不惑하고
자 왈 오 십 유 오 이 지 우 학   삼 십 이 립   사 십 이 불 혹

五十而知天命하고 六十而耳順하고
오 십 이 지 천 명   육 십 이 이 순

七十而從心所欲하여 不踰矩하라
칠 십 이 종 심 소 욕   불 유 구

공자께서 말씀하셨다.

"나는 열다섯 살에 학문에 뜻을 두었고 서른 살에 뜻을 확고하게 세
웠다. 마흔 살에는 미혹하지 않게 되었고, 쉰 살에는 하늘이 내게 주
신 사명을 알았다. 예순 살에는 어떤 말을 들어도 그 이치를 이해했
고 일흔 살에는 마음 가는 대로 해도 법도에 어긋나지 않았다."

해설

공자가 학문을 익힌 순서를 말한 것으로 벼는 익을수록 고개를 숙인다는 것과 같은
이치이다. 공자의 학문 순서를 나열해 보면 열다섯을 지학志學, 서른을 이립而立, 마
흔을 불혹不惑, 쉰을 지천명知天命, 예순을 이순耳順, 일흔을 종심從心이라 새겼다.

부모 섬김에 예를 다하라

孟懿子問孝한대 子曰 無違니라
맹 의 자 문 효　　　자 왈 무 위

樊遲御러니 子告之曰 孟孫이 問孝於我어늘 我對曰 無違하라
번 지 어　　　자 고 지 왈 맹 손　문 효 어 아　　　아 대 왈 무 위

樊遲曰 何謂也리이까
번 지 왈 하 위 야

子曰 生事之以禮하며 死葬之以禮하며 祭之而禮니라
자 왈 생 사 지 이 례　　　사 장 지 이 례　　　제 지 이 례

맹의자가 효에 대해 묻자 공자께서 말씀하셨다.

"어긋남이 없는 것이다."

번지가 수레를 몰고 있을 때 공자께서 그 일을 말씀하셨다.

"맹손이 나에게 효에 대해 묻길래, 어긋남이 없는 것이라고 대답했다."

번지가 여쭈었다.

"그것은 무엇을 말씀하신 것입니까?"

공자께서 말씀하셨다.

"부모가 살아 계실 때는 예를 갖추어 섬기고, 돌아가신 후에는 예법
에 따라 장례를 치르고, 예법에 따라 제사를 모셔야 한다는 것이다."

해설

맹의자가 효에 관하여 물어본 것에 대해 공자가 답한 '무위'가 무엇인지 번지가 물었다. 이때 공자는 부모의 명령에 따르는 것을 효라고 여길까 염려되어 부모가 살아 계실 때에는 예로써 정성껏 섬기고, 세상을 떠나셨을 때에는 예로써 장사를 치르며, 예로써 제사를 지내는 것이라 하였다.

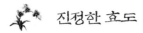 진정한 효도

孟武伯問孝한대 子曰 父母는 唯其疾之憂니라
맹 무 백 문 효   자 왈 부 모   유 기 질 지 우

맹무백이 효에 대해서 묻자 공자께서 말씀하셨다.
"부모에게는 오직 질병만으로 걱정을 끼쳐야 한다."

해설

맹무백孟武伯은 애공哀公 11년, 군대를 이끌고 제나라 군대와 싸웠고, 애공 14년에는 성읍의 백성들을 무참하게 유린한 일이 있었다. 그의 시호가 무武인 것만 보아도 그의 인간성이 모질고 과격하며 함부로 무력을 휘둘렀음을 알 수 있다.

그래서 공자는 사려가 깊지 못하고 무용을 좋아하는 맹무백에게 "질병을 앓을 때에는 별 수 없이 부모에게 걱정을 끼쳐 드리게 된다. 그러나 그 이외의 다른 일, 특히 무모한 행동으로 부모의 마음을 상하게 하고 또 걱정을 끼쳐서는 안 된다"고 말한 것이다.

효는 단순한 공양이 아니라 공경이 뒷받침되어야 한다

子游問孝한대 子曰 今之孝者는 是謂能養이니
자 유 문 효   자 왈 금 지 효 자   시 위 능 양

至於犬馬하여도 皆能有養이니라
지 어 견 마   개 능 유 양

不敬이면 何以別乎오
불 경   하 이 별 호

자유가 효에 대해서 묻자 공자께서 말씀하셨다.

"요즘의 효를 단지 부모를 공양하는 것으로만 생각하지만, 개나 말도 모두 먹여 살리기는 하는 것이니 부모를 공경하지 않는다면 무엇이 다르겠는가?"

해설

자기를 낳고 키워준 부모에게 감사하고 부모를 잘 섬기고 정성껏 공양해 올리는 것은 일차적인 효도이다. 그러나 외형적, 물질적 공양에도 사랑과 존경심이 따라야 한다. 그렇지 않으면 가축에게 먹이를 주는 것과 다를 바 없다는 것이다.

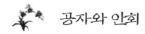 공자와 안회

子曰 吾與回言終日하나 不違如愚러니
자왈 오여회언종일   불위여우

退而省其私한대 亦足以發하나니 回也不愚도다
퇴이성기사   역족이발   회야불우

공자께서 말씀하셨다.

"내가 안회와 함께 하루 종일 이야기를 해도 그는 마치 어리석은 사람처럼 아무런 문제 제기도 하지 않는다. 그런데 그가 돌아간 뒤, 그의 생활을 보니 역시 내 뜻을 분명히 실천하고 있었다. 그러니 안회는 어리석은 사람이 아니다."

해설

안회는 과묵했으나 배우기를 좋아했고, 또 덕을 실천했다. 공자의 같은 수제자 자공은 안회를 두고 '하나를 듣고 열을 알았다'라고 평가했다.

됨됨이는 감출 수 없다

子曰 視其所以하여 觀其所由하며 察其所安이면
자 왈 시 기 소 이   관 기 소 유   찰 기 소 안

人焉廋哉리오 人焉廋哉리오
인 언 수 재   인 언 수 재

공자께서 말씀하셨다.

"그 사람이 하는 행위를 보고, 그 연유를 살피고, 그가 편안하게 여기
는 것을 잘 살펴보면 그 사람을 알게 된다. 그러니 어찌 사람 됨됨이
를 숨길 수 있겠는가!"

옛것을 통해 새로움을 익혀라

子曰 溫故而知新이면 可以爲師矣니라
자 왈 온 고 이 지 신   가 이 위 사 의

공자께서 말씀하셨다.

"옛것을 익혀 새로운 것을 알면 남의 스승이 될 만하다."

해설

현대사회에서 흔히 사용되고 있는 온고지신溫故知新의 출처이다. 옛것을 익힌다는 것
은 고전古典을 잘 안다는 것으로 학문은 선인들이 남긴 문화유산을 습득하고 더 나아가
새로운 것을 받아들여 새로운 문화를 창조하는 근본이 된다. 공자는 스승이 되려면 그만
한 것을 알고 있어야 된다고 말했다.

한정적으로만 쓰이는 사람이 되지 말라

子曰 君子는 不器니라
자 왈 군 자   불 기

공자께서 말씀하셨다.
"군자는 그릇이 되어서는 안 된다."

해설

지식인이란 학문과 덕을 겸비하면서 충분한 경험을 가진 인격자를 가리킨다. 그래서 그릇처럼 국한되지 않는다고 했다. 그릇은 오직 한정된 물건만을 담을 수 있지만 군자란 세상 만물을 포용해야 하는 것이다.

말보다 실천이 앞서는 사람

子貢이 問君子한대 子曰 先行其言이요 而後從之니라
자공　　문군자　　　　자왈 선행기언　　　이후종지

자공이 군자에 대해서 묻자 공자께서 말씀하셨다.
"말하고자 하는 바를 먼저 실천하고, 그 후에 말하는 사람이 군자니라."

해설

말하기는 쉬워도 실천하기는 어렵다. 그러므로 군자의 자질에 대한 자공의 질문에 공자는 먼저 행동으로 실천하고 말은 나중에 하라고 가르치고 있다. 변설에 뛰어난 자공에게 말을 너무 앞세우지 말 것을 가르치려는 의도도 있는 듯하다.

군자와 소인의 차이

子曰 君子는 周而不比하고 小人은 比而不周니라
자 왈 군 자   주 이 불 비   소 인   비 이 부 주

공자께서 말씀하셨다.
"군자는 두루 통하므로 한편에 치우치지 않고, 소인은 한편에 치우치
므로 두루 통하지 못한다."

 배움에는 생각이, 생각에는 배움이 따라야 한다

子曰 學而不思則罔하고 思而不學則殆니라
자 왈 학 이 불 사 즉 망   사 이 불 학 즉 태

공자께서 말씀하셨다.
"배우되 생각하지 아니하면 막연하여 얻는 것이 없고, 생각만 하고
배우지 아니하면 독단에 빠져 위태롭다."

모르는 것을 안다는 것

子曰 由야 誨女知之乎인저
자 왈 유   회 여 지 지 호

知之爲知之오 不知爲不知이 是知也니라
지 지 위 지 지   부 지 위 부 지   시 지 야

공자께서 말씀하셨다.
"유야! 너에게 안다는 것에 대해 가르쳐 주마. 아는 것을 안다고 하고
모르는 것을 모른다고 하는 것, 이것이 아는 것이다."

해설

유由는 공자의 제자로 성은 중仲이고 자는 자로子路이다. 자로는 호탕하고 성급한 성
품이어서 공자에게 자주 꾸중을 듣기도 했다. 그가 잘 알지도 못하면서 안다고 하는
일이 종종 있었기 때문에 공자가 자로에게 안다는 것에 대해 설명한 것이다. 공자는
자신이 아는 것만을 안다고 하고, 모르는 것은 솔직하게 모른다고 하는 것, 이것이
아는 것이라고 하였다.

말에는 허물을, 행동에는 후회를 줄여라

子張이 學干祿한대
자장   학간녹

子曰 多聞闕疑오 愼言其餘면 則寡尤이며
자왈 다문궐의   신언기여   즉과우

多見闕殆오 愼行其餘면 則寡悔니
다견궐태   신행기여   즉과회

言寡尤하며 行寡悔면 祿在其中矣니라
언과우   행과회   녹재기중의

자장이 벼슬을 얻는 방법을 배우려 하자 공자께서 말씀하셨다.
"많은 것을 듣되 의심스러운 것은 제외하고 그 나머지를 신중히 말하
면 허물이 적을 것이다. 또 많은 것을 보되 위태로운 것은 제외하고
그 나머지만 신중히 행하면 후회하는 일이 적을 것이다. 말에 허물이
적고, 행동에 후회가 적으면 벼슬은 자연히 얻게 마련이다."

백성이 따르는 정치

哀公이 問曰 何爲則民服이니까
애공   문왈 하위즉민복

孔子對曰 擧直錯諸枉이면 則民服하고
공자대왈 거직조저왕   즉민복

擧枉錯諸直이면 則民不服이니이다
거왕조저직   즉민불복

애공이 물었다.

"어떻게 하면 백성들이 잘 따르겠습니까?"

공자께서 대답하셨다.

"바르고 곧은 사람을 등용하여 그릇된 사람의 위에 쓰면 백성들이 따르고, 그릇된 사람을 등용하여 바르고 곧은 사람의 위에 쓰면 백성들은 따르지 않습니다."

해설

애공哀公은 노나라의 임금이다. 『논어』에서 공자를 지칭할 때 '자子'라고 하지 않고, '공자孔子'라고 한 경우는 그가 군주와 대화를 주고받을 때뿐으로, 군주를 존대하는 의미에서 그렇게 한 것이다. 이 대화는 바르고 곧은 인재를 높은 자리에 등용해야 함을 비유적으로 설명한 것이다.

백성을 다스리는 방법

季康子問 使民敬忠以勸이면 如之何이까
계 강 자 문 사 민 경 충 이 권   여 지 하

子曰 臨之以莊則敬하고 孝慈則忠하고 擧善而敎不能則勸이니라
자 왈 임 지 이 장 즉 경   효 자 즉 충   거 선 이 교 불 능 즉 권

계강자가 물었다.

"백성들이 윗사람을 공경하고 진심으로 따르며 부지런히 일하도록
권하려면 어떻게 해야 합니까?"

공자께서 말씀하셨다.

"위정자가 백성을 대함에 위엄이 있으면 그들이 공경하게 되고, 효와
자애로운 태도를 보이면 진심으로 따르게 되며, 능력 있는 사람을 등
용하여 무능한 사람을 가르치도록 하면 백성들은 저절로 부지런해질
것입니다."

앞에 나서는 것만이 정치가 아니다

或이 謂孔子曰 子奚不爲政이니까
혹   위공자왈 자해불위정

子曰 書云 孝乎인저 惟孝하며 友于兄弟하며 施於有政이라
자왈 서운 효호   유효   우우형제   시어유정

是亦爲政이니 奚其爲爲政이리오
시역위정   해기위위정

어떤 사람이 공자에게 물었다.
"선생님은 왜 정치를 하지 않으십니까?"
공자께서 말씀하셨다.
"『서경』에 이르기를, '효로다! 오직 효도하고 형제간에 우애하며 이
를 정사에 반영시켜라'라고 하였소. 그러므로 어찌 직접 정치에 관여
하는 것만을 정치를 한다고 하겠소?"

사람에겐 신의가 있어야 한다

子曰 人而無信이면 不知其可也라
자 왈 인 이 무 신   부 지 기 가 야

大車無輗하며 小車無軏이면 其何以行之哉리오
대 거 무 예   소 거 무 월   기 하 이 행 지 재

공자께서 말씀하셨다.

"사람에게 신의가 없으면 그 쓸모를 알 수가 없다. 만약 큰 수레에 소의 멍에걸이가 없거나, 작은 수레에 말의 멍에걸이가 없다면 무엇으로 그것을 끌고 가겠는가?"

해설

신의가 없는 사람은 사람 구실을 할 수 없다는 뜻이다. 고대 중국에는 소가 끄는 수레를 '대거'라고 했고, 말이 끄는 수레를 '소거'라고 했다. 수레의 끌채 앞면에는 횡목이 있어서 여기에 가축을 매고 끌게 했다.
공자는 믿을 '신' 자에 대해서 굉장히 강조했고, 그것이 인간을 인간답게 만드는 핵심으로 보았다. 사람이 말을 하면 그 말을 믿을 수 있어야 하고, 말이 실행에 옮겨진다고 믿을 수 있는 사회야말로 좋은 사회라고 보았다.

역사로 미래를 안다

子張이 問 十世可知也이니까
자장　문 십 세 가 지 야

子曰 殷因於夏禮하니 所損益可知也하며
자 왈 은 인 어 하 례　　소 손 익 가 지 야

周因於殷禮하니 所損益可知也니라
주 인 어 은 례　　소 손 익 가 지 야

其或繼周者면 雖百世可知也니라
기 혹 계 주 자　수 백 세 가 지 야

자장이 물었다.

"앞으로 열 왕조 이후의 일을 알 수 있습니까?"

공자께서 말씀하셨다.

"은나라는 하나라의 예절과 법도를 따랐으니 비교해 보면 폐지한
것이나 보탠 것을 알 수 있고, 주나라는 은나라의 예절과 법도를 따
랐으니 거기에서 폐지하고 보탠 것을 알 수 있다. 어떤 사람이 주나
라를 계승한다면 백 왕조 이후라 할지라도 알 수 있을 것이다."

정치를 함에 역사를 중시해야 한다는 공자의 말이다. 즉 역사의 가감되는 법을 파악
한다면 앞으로 다가올 역사가 어떻게 발전될 것인지를 예측할 수 있다는 말이다. 그
렇기 때문에 역사를 소홀히 대하지 말고 열심히 공부해야 한다는 것이다.

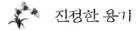 진정한 용기

子曰 非其鬼而祭之이 諂也요 見義不爲이 無勇也라
자 왈 비 기 귀 이 제 지   첨 야   견 의 불 위   무 용 야

공자께서 말씀하셨다.
"자신이 모셔야 할 혼령이 아닌데도 제사를 지내는 것은 아첨함이요,
옳은 일을 보고도 행하지 않는 것은 용기가 없음이다."

제3장

팔일 八佾

이 편에서는 예(禮)와 악(樂)의 득실을 논하였다.
춘추전국 시대 중국에서는 예악으로써 나라의 기강을 바로세우고 백성들을 다스렸다.
예로는 임금을 섬기고 백성을 다스렸으며, 악으로는 나라의 기풍과 풍속을 변화시켰다.
공자는 덕으로써 백성을 다스리고 예로써 하늘의 도리를 따르고 실천하는 것이
올바른 정치라고 역설했다.

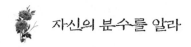

자신의 분수를 알라

孔子謂季氏하시되 八佾舞於庭하니 是可忍也면 孰不可忍也오
공 자 위 계 씨   팔 일 무 어 정   시 가 인 야   숙 불 가 인 야

공자께서 계씨를 비판하여 말씀하셨다.

"천자의 악무인 팔일무를 자신의 뜰에서 공연하다니, 이런 짓을 감히
할 수 있다면 장차 그 무슨 짓인들 하지 못할 것인가?"

해설

계씨季氏는 계손씨의 후예로 노나라 소공 때의 대부였던 계평자를 가리킨다. 당시의
예법에 의하면 악무를 공연할 때, 천자의 무대는 여덟 줄, 제후는 여섯 줄, 대부는 네
줄, 사士는 두 줄로 늘어서게 되어 있었다. 그런데 계손씨는 대부의 신분임에도 불구
하고 감히 팔일무를 공연했던 것이다.

공자는 신분에 맞는 예를 행하는 것이야말로 한 사회를 지탱하는 힘이라고 보았다. 그
러므로 계씨의 예악 파괴는 사회혼란을 일으키는 것으로, 탐욕과 허세에 불과할 뿐이
라는 것을 일깨워주는 것이다. 그리고 공자의 말대로 후에 계씨는 소공을 축출하고 말
았다.

매사에 어진 것이 따라야 한다

子曰 人而不仁이면 如禮何오 人而不仁이면 如樂何오
자 왈 인 이 불 인　　여 례 하　인 이 불 인　　　여 악 하

공자께서 말씀하셨다.
"사람이 어질지 못하다면 예를 지키는 것이 무슨 의미가 있겠는가?
사람이 어질지 못하다면 음악을 한들 무슨 의미가 있겠는가?"

 ### 예의 본질

林放이 問禮之本한대 子曰 大哉라 問이여
임 방　 문 예 지 본　 자 왈 대 재　 문

禮는 與其奢也론 寧儉이오 喪은 與其易也론 寧戚이니라
예　 여 기 사 야　 영 검　　상　 여 기 이 야　 영 척

임방이 예의 본질을 여쭙자 공자께서 말씀하셨다.
"훌륭한 질문이구나. 예는 사치스럽기보다는 차라리 검소해야 하고
장례는 형식에 따르기보다는 진심으로 애통해야 한다."

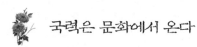# 국력은 문화에서 온다

子曰 夷狄之有君이 不如諸夏之亡也니라
자 왈 이 적 지 유 군   불 여 제 하 지 망 야

공자께서 말씀하셨다.

"오랑캐 나라에 임금이 있다 해도, 중화의 여러 나라에 임금이 없는
경우보다 못하다."

해설

중하中夏 혹은 중화中華라는 명칭은 천하의 중심을 차지하는 문화국가라는 뜻이며,
주변에 있는 미개의 야만족을 일관해서 오랑캐라고 일컬었다. 즉 동이東夷·서융西
戎·남만南蠻·북적北狄을 다 오랑캐라 칭했다. 오랑캐들은 문화나 윤리도덕이 없고,
설사 통치자가 있다 해도 근본적으로는 미개의 야만 집단으로 여겼다. 그러므로 중
하의 문화국가와는 근본적으로 다르며, 설사 중하의 문화국가가 혼란에 휘말려 일시
적으로 임금이 없다 해도 오랑캐와는 비교가 안 된다는 것이다.

노나라의 임금 소공昭公이 삼환씨三桓氏에 밀려 국외로 망명하고 노나라에는 7년간
임금이 없었다. 그래도 노나라는 주공단周公旦이 세운 정통의 문화국으로 오랑캐와
는 격이 다르다는 것을 공자가 강조한 말이다.

군자의 유일한 다툼

子曰 君子無所爭이니 必也射乎인저
자 왈 군 자 무 소 쟁　　　필 야 사 호

揖讓而升하여 下而飮하나니 其爭也君子니라
읍 양 이 승　　　　하 이 음　　　기 쟁 야 군 자

공자께서 말씀하셨다.

"군자는 다투는 일이 없지만 굳이 있다고 한다면 그것은 활쏘기로다.
서로 절하고 사양하며 활 쏘는 자리에 오르고, 내려와서는 벌주를 마
시니 그 다투는 모습이 군자답다."

확실한 것만 이야기하라

子曰 夏禮를 吾能言之나 杞不足徵也며
자 왈 하 례   오 능 언 지   기 부 족 징 야

殷禮를 吾能言之나 宋不足徵也는
은 례   오 능 언 지   송 부 족 징 야

文獻不足故也니 足則吾能徵之矣니라
문 헌 부 족 고 야   족 즉 오 능 징 지 의

공자께서 말씀하셨다.

"하나라의 예에 대해서는 내가 이야기할 수 있지만 그 뒤를 잇는 기
나라의 예는 증명하기에 부족하고, 은나라의 예에 대해서도 말할 수
는 있지만 그 뒤를 잇는 송나라의 예는 증명하기에 부족하다. 이것은
문헌이 부족하기 때문이니 문헌이 충분하다면 내가 그것을 증명할
수 있을 것이다."

해설

기나라는 하나라의 후손들이 세운 나라이고, 송나라는 은나라의 후손들이 세운 나라
가 분명하다. 그러나 하나라와 은나라가 예의 전통을 후세에 물려주었다 하더라도
문헌으로 입증되지 않으면 공자는 말하지 않겠다는 것이다. 즉 증거가 없으면 믿지
않는다는 뜻이다.

예보다 인을 먼저 갖춰라

子夏問曰 巧笑倩兮며 美目盼兮여 素以爲絢兮라 하니 何謂也이니까
자하문왈 교소천혜   미목반혜   소이위현혜   하위야

子曰 繪事後素니라
자왈 회사후소

曰 禮後乎인저
왈 예후호

子曰 起予者는 商也라 始可與言詩已矣로다
자왈 기여자   상야   시가여언시이의

자하가 물었다.

"시에 '고운 웃음에 보조개가 아름답고, 아름다운 눈에 눈동자가 또렷하니 흰 바탕에 무늬를 더하였네'라는 것은 무엇을 말하는 것입니까?"

공자께서 말씀하셨다.

"그림을 그리는 일은 흰 바탕이 있은 다음이라는 것이다."

자하가 말했다.

"예는 나중 일이라는 말씀이십니까?"

공자께서 말씀하셨다.

"나를 일깨워주는 자는 상이로구나! 비로소 너와 함께 시를 말할 수 있게 되었다."

해설

그림을 그릴 때에는 먼저 흰 바탕이 마련된 뒤에 고운 색칠을 하는 것이 순서이다.
이와 마찬가지로 예를 행하기에 앞서 먼저 인간으로서의 성실성을 갖추어야 한다.
다시 말하자면 인仁한 마음이 없는 자가 예禮로써 겉모습을 꾸미는 것은 남을 속이
는 행위일 뿐이다. 이 장은 공자와 그의 제자 자하가 시경의 시구를 인용하며 덕성과
예와의 관계를 논하고 있는 것이다. 이들은 덕성을 갖춘 이가 다시 예로써 몸단속을
한다면 금상첨화錦上添花라고 여겼다.

예가 아니면 보지도 말라

子曰 禘自旣灌而往者는 吾不欲觀之矣로라
자 왈 체 자 기 관 이 왕 자   오 불 욕 관 지 의

공자께서 말씀하셨다.

"체 제사를 지낼 때, 술을 땅에 부으며 신의 강림을 청하는 절차 이후
의 것을 나는 보고 싶지 않다."

해설

노나라의 체 제사가 예에 맞지 않음을 은근히 지적한 것이다. 체 제사는 주나라 천자
들만 지낼 수 있는 것인데 제후국인 작은 노나라에서 격에 맞지 않게 체 제사를 지
냈으니 신을 부르는 강신주를 따르는 제사의 시작부터 보고 싶지 않다고 한 것이다.
'예가 아니면 보지도 말라'는 공자의 가르침을 생각하게 하는 대목이다.

제사는 진심으로 지내라

祭如在하시며 祭神如神在러시다
제 여 재   제 신 여 신 재

子曰 吾不與祭면 如不祭니라
자 왈 오 불 여 제   여 불 제

조상에게 제사를 지낼 때에는 마치 조상이 살아계신 듯 정성스럽게
하고, 산천의 신을 모실 때는 신이 앞에 있는 듯 경건했다.
공자께서 말씀하셨다.
"내 자신이 제사에 직접 참여하지 않으면 제사를 지내지 않은 것과
같다."

해설

조상에게 제사를 지낼 때 마치 살아 있는 듯 정성스럽게 해야 한다는 것을 강조하
고 있다. 한마디로 제사를 지낼 때의 태도는 형식보다 경건한 마음가짐이 중요함을
가르치고 있다. 그래서 공자는 제사에 참여하지 않음은 아무 소용없다고 말하는 것
이다.

하늘에 부끄럽지 않게 하라

王孫賈問曰 與其媚於奧로는 寧媚於竈라 하니 何謂也인가
왕손가문왈 여기미어오   영미어조   하위야

子曰 不然하다 獲罪於天이면 無所禱也니라
자왈 불연   획죄어천   무소도야

왕손가가 물었다.

"아랫목에 아첨하느니 차라리 부뚜막에 아첨하는 편이 낫다'고 하는

말은 무엇을 의미합니까?"

공자께서 말씀하셨다.

"그렇지 않습니다. 하늘에 죄를 지으면 빌 곳이 없는 법입니다."

해설

아랫목에 앉아 있는 어른에게 아첨하기보다는 음식을 만드는 부뚜막에서 일하는
사람에게 잘 보여야 떡고물이라도 떨어질 것 아니냐는 뜻이다. 공자가 위나라에 가
서 영공을 만나자 실권자이던 왕손가가 속담을 들어 자기에게 잘 보이는 것이 어
떠냐고 회유했다. 이에 공자가 왕손가의 무례함과 야심을 꿰뚫어 보고 따끔하게 일
침을 가한 것이다.

주나라의 빼어난 문물

子曰 周監於二代하니 郁郁乎文哉라 吾從周하리라
자 왈 주 감 어 이 대   욱 욱 호 문 재   오 종 주

공자께서 말씀하셨다.

"주나라는 하·은 두 나라를 본보기로 삼아 문화가 찬란하도다! 나는 주나라를 따르리라."

해설

주나라의 문물을 찬양한 것이다. 춘추 시대 이전의 주나라를 서주, 그 이후를 동주라 고 한다. 서주 때 문왕, 무왕, 주공이 있었는데, 공자는 문무 주공 때의 주나라를 이 상적인 나라로 흠모했다.

예를 진정으로 아는 사람

子入大廟하사 每事問하신대
자 입 태 묘　　　매 사 문

或曰 孰謂鄹人之子를 知禮乎아 入大廟하여 每事問하니
혹 왈 숙 위 추 인 지 자　　지 례 호　　입 대 묘　　　매 사 문

子聞之하시고 曰 是禮也니라
자 문 지　　　왈 시 례 야

공자께서 태묘에 들어가 제사 지낼 때, 모든 일을 일일이 물으시자
어떤 사람이 말하였다.

"누가 저 추인의 아들이 예를 안다고 하였는가? 태묘에 들어가 매사를
묻는구나."

공자께서 이 말을 들으시고 말씀하셨다.

"이것이 바로 예이니라."

힘의 세기보단 정신의 집중

子曰 射不主皮는 爲力不同科니 古之道也니라
자왈 사부주피   위력부동과   고지도야

공자께서 말씀하셨다.

"활쏘기를 할 때, 과녁의 가죽을 꿰뚫는 데 주력하지 않는 것은 사람마다 힘을 쓰는 정도가 다르기 때문이다. 이것이 옛날의 궁도였다."

해설

활쏘기는 선비가 익혀야 할 여섯 가지 덕목인 육예六藝의 하나로, 정신을 집중시켜 과녁에 명중시키는 것을 중시하지, 힘겨루기를 보려 함이 아니다. 명중시키는 기술은 학습과 훈련을 통하여 스스로 터득할 수 있지만 힘은 그렇지 못하기 때문이다. 옛날 주나라가 발달하여 예가 제대로 시행될 때에는 과녁에 명중시키기를 주로 했는데 지금은 국력이 쇠퇴하고 열국의 세기가 커져 함부로 날뛰니 과녁에 명중시키기보다는 과녁의 가죽 뚫기에 주력하는 것을 보고 공자가 탄식한 것이다.

제물을 아끼지 말라

子貢이 欲去告朔之餼羊한대
자공   욕거고삭지희양

子曰 賜也아 爾愛其羊이나 我愛其禮니라
자왈 사야   이애기양   아애기례

자공이 매월 초하루에 지내는 곡삭제에 양을 바치는 것을 없애려 하
자 공자께서 말씀하셨다.
"사야, 너는 그 양을 아끼지만 나는 그 예를 더 아낀다."

해설

자공은 이재에 밝기 때문에 곡삭 같은 간단한 제사에 양을 쓰지 않기로 했다. 이것은
예에 어긋나기 때문에 공자가 비판한 대목이다. 공자는 예가 무시되면 사회의 질서
와 조화가 무너지면서 혼란에 빠질 것을 우려해 반대했던 것이다.

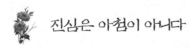 진심은 아첨이 아니다

子曰 事君盡禮를 人以爲諂也로다
자 왈 사 군 진 례   인 이 위 첨 야

공자께서 말씀하셨다.
"임금을 섬김에 있어 예를 다하는 것을 두고 사람들은 아첨한다고 여
긴다."

___
해설

이 당시 사회는 혼란했고 사람들이 타락하면서 예를 지키는 사람이 없어졌다. 예가
없어지면서 정치가 혼탁해 백성들이 군주나 윗사람들을 가볍게 생각했다. 그런 가운
데에서 임금에게 신하의 도리를 지키는 공자를 사람들은 아첨꾼으로 생각한 것이다.

임금은 예로써 대하고,
신하는 충성으로 섬겨라

定公問 君使臣하며 臣事君하되 如之何이까
정 공 문 군 사 신   신 사 군   여 지 하

孔子對曰 君使臣以禮하며 臣事君以忠이니이다
공 자 대 왈 군 사 신 이 례   신 사 군 이 충

정공이 물었다.

"임금이 신하를 대하고 신하가 임금을 섬기는 일은 어떻게 해야 합
니까?"

공자께서 말씀하셨다.

"임금은 예로써 신하를 대하고 신하는 충성으로써 임금을 섬겨야 합
니다."

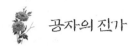

공자의 진가

儀封人이 請見曰 君子之至於斯也에 吾未嘗不得見也로라
의 봉 인   청 현 왈 군 자 지 지 어 사 야   오 미 상 부 득 현 야

從者見之한대 出曰 二三子는 何患於喪乎리오
종 자 현 지   출 왈 이 삼 자   하 환 어 상 호

天下之無道也久矣라 天將以夫子爲木鐸이시리라
천 하 지 무 도 야 구 의   천 장 이 부 자 위 목 탁

의儀 땅의 관리가 공자를 뵙고자 청하며 말했다.
"군자께서 이곳에 오시면 내가 만나 뵙지 못한 적이 없었습니다."
공자를 모시던 제자들이 뵙도록 안내해 주었더니, 뵙고 나와서 말하
였다.
"그대들은 어찌하여 공자께서 벼슬이 없음을 걱정하십니까? 천하에
도가 없어진 지 오래라, 하늘이 장차 선생님을 세상의 목탁으로 삼으
려는 것입니다."

해설

의儀 땅의 국경수비대 관리가 국경을 지나는 공자를 만난 다음에 한 말이다. 이 대
목을 다시 풀이하면 "공자가 벼슬을 얻어 한곳에 머물게 되면 세상을 깨우치지 못한
다. 공자가 벼슬을 하지 못하는 것은 하늘의 명이 있기 때문"이라는 것이다.

지난 일은 탓하지 말라

哀公이 問社於宰我한대 宰我對曰 夏后氏는 以松이요
애공　　문사어재아　　재아대왈　하후씨　　이송

殷人은 以柏이요 周人은 以栗이니 曰 使民戰慄이니이다
은인　　이백　　주인은　　이율　　　왈 사민전율

子聞之하시고 曰 成事라 不說하며
자문지　　　　왈 성사　불설

遂事라 不諫하며 旣往이 不咎로다
수사　　불간　　　기왕　　불구

애공이 재아에게 사社에 심는 나무에 관하여 묻자 재아가 대답하였다.

"하나라 왕조는 소나무를 심었고, 은나라 사람들은 측백나무를 심었으며, 주나라 사람은 밤나무를 심었습니다. 밤나무를 심음은 백성들을 전율케 하려는 것이지요."

공자께서 이 말을 들으시고 말씀하셨다.

"이루어진 일은 논하지 않고 끝난 일은 따지지 않으며, 이미 지나간 일은 탓하지 않는 법이다."

노나라 임금 애공이 재아에게 토지신에 대해 물었다. 이에 재아는 하나라는 소나무, 은나라는 측백나무, 주나라는 밤나무를 신목으로 사용했다고 대답했다. 이때 재아는 밤나무를 설명할 때, 밤나무의 음인 율栗이 '떤다'고 할 때의 율慄과 음이 같다는 것에 착안하여 백성들을 떨게 만들기 위한 것이라고 했다. 재아의 이런 엉터리 해석을 두고, 이미 지나간 일이니 지금 나무라봐야 소용이 없을 것이므로 더 이상 말하지 않겠지만 앞으로 그런 실언을 하지 말라고 공자가 나무라는 것이다.

하나를 보면 열을 안다

子曰 管仲之器小哉라 或이 曰 管仲은 儉乎이까
자왈 관중지기소재   혹   왈 관중   검호

曰 管氏有三歸하며 官事를 不攝하니 焉得儉이리오
왈 관씨유삼귀   관사   불섭   언득검

然則管仲은 知禮乎이까
연칙관중   지례호

曰 邦君이야 樹塞門이어늘 管氏亦樹塞門하며
왈 방군   수색문   관씨역수색문

邦君이 爲兩君之好에 有反坫이어늘 管氏亦有反坫하니
방군   위양군지호   유반점   관씨역유반점

管氏而知禮면 孰不知禮리오
관씨이지례   숙부지례

공자께서 말씀하셨다.
"관중은 그릇이 작은 사람이다."
어떤 사람이 물었다.
"관중은 검약했습니까?"
공자께서 말씀하셨다.
"관중은 집을 세 군데나 가지고 있었고 그의 가신들은 수가 많아 관직을 겸직하지 않았는데 어찌 검약하다고 하겠소?"

"그럼 관중은 예를 알았습니까?"

공자께서 대답하셨다.

"나라의 임금이라야 병풍으로 문을 가리는 법인데 관중도 병풍으로 문을 가렸고, 나라의 임금이라야 두 임금이 함께 연회를 할 때 술잔 놓는 자리를 둘 수 있는 법인데 관중도 또한 술잔을 놓는 자리를 만들었으니 이러한 관씨가 예를 안다면 그 누가 예를 모른다고 하겠는가?"

해설

관중管仲은 관포지교管鮑之交로 알려진 정치가다. 정치적 수완이 탁월하여 제나라의 환공이 패권을 잡는 데 일조했다. 『논어』에도 공자가 관중의 정치적 업적을 인정한 글이 보인다. 그러나 여기서는 '기량이 좁은 사람'이라고 평했다. 관중이 환공을 도와 패업을 이룩한 공과 백성의 생활을 안정시켜 준 업적은 공자도 인정하지만 공을 앞세워 군주에 버금가는 호화로운 생활을 한다고 비판한 것이다.

사람을 알아보는 법

子曰 居上不寬하며 爲禮不敬하며 臨喪不哀면 吾何以觀之哉리오
자 왈 거 상 불 관   위 례 불 경   임 상 불 애   오 하 이 관 지 재

공자께서 말씀하셨다.

"높은 자리에 있으면서 너그럽지 못하고 예를 행함이 공경스럽지 않
으며, 상을 당하여 슬퍼하지 않는다면 내가 무엇으로 그 사람을 인정
해주겠는가?"

해설

당시 상류사회의 생활기풍을 개탄한 내용이다. 고위 공직에 있으면서 아랫사람에게
너그럽지 못하고, 예를 행함에는 공경심이 없으므로 허례에 지나지 않는 것이다. 그
리고 남의 장례식에 참석해서는 애통해 하는 마음이 없으므로 그저 체면치레로 얼
굴이나 내미는 정도이다. 그러나 사람으로서 관대함과 공경심과 애도하는 마음이 없
고 예를 모른다면 스스로 인간임을 포기하는 것이다. 공자는 이런 위인들은 더 이상
거들떠볼 필요조차도 없다고 선언하고 있다.

제4장

이인 里仁

이 편에서는 인仁을 명확하게 밝혔다.
인은 사람의 큰 선행을 일컫는 말로,
군자가 인을 얻으면 사람들에게 예악을 행하게 된다고 하였다.
인이란 오직 사람만이 지니고 있는 선한 마음이며,
그것을 바탕으로 서로 사랑하고 더불어 잘사는 덕을 말한다.

인의 고장에 거하라

子曰 里仁爲美하니 擇不處仁이면 焉得知리오
자왈 이인위미　　택불처인　　언득지

공자께서 말씀하셨다.

"마을의 풍속이 인하다는 것은 아름다운 것이다. 인한 마을을 잘 골라서 거처하지 않는다면 어찌 지혜롭다 하겠는가?"

 ## 어질고 지혜로운 사람은 인을 취한다

子曰 不仁者는 不可以久處約이며 不可以長處樂이니
자왈 불인자　　불가이구처약　　불가이장처락

仁者는 安仁하고 知者는 利仁이니라
인자　　안인　　지자　　이인

공자께서 말씀하셨다.

"어질지 못한 사람은 오랫동안 곤궁하게 지내지도 못하고 오래도록 안락하게 지내지도 못한다. 어진 사람은 인을 편안하게 여기고 지혜로운 사람은 인을 이롭게 여긴다."

좋고 싫음도 인을 바탕으로 하라

子曰 惟仁者가 能好人하며 能惡人이니라
자왈 유인자 능호인   능오인

공자께서 말씀하셨다.
"오직 어진 사람만이 사람을 사랑할 줄도 알고 또한 미워할 줄도
안다."

 인이 있다면 악할 수 없다

子曰 苟志於仁矣면 無惡也이니라
자왈 구지어인의   무악야

공자께서 말씀하셨다.
"진실로 인에 뜻을 둔다면 악한 일은 하지 않을 것이다."

군자는 어떤 경우에도 인을 버려서는 안 된다

子曰 富與貴是人之所欲也나 不以其道得之어든 不處也하며
자 왈 부 여 귀 시 인 지 소 욕 야   불 이 기 도 득 지   불 처 야

貧與賤是人之所惡也나 不以其道得之라도 不去也니라
빈 여 천 시 인 지 소 오 야   불 이 기 도 득 지   불 거 야

君子去仁이면 惡乎成名이리오
군 자 거 인   오 호 성 명

君子無終食之間違仁이니 造次에 必於是하며 顚沛에 必於是니라
군 자 무 종 식 지 간 위 인   조 차   필 어 시   전 패   필 어 시

공자께서 말씀하셨다.

"부유함과 귀함은 누구나 탐내는 바지만, 정당한 방법으로 얻은 것이
아니면 누리지 마라. 가난함과 천함은 누구나 싫어하는 바지만, 부당
하게 그렇게 되었다 하더라도 억지로 벗어나려 하지 마라. 군자가 인
을 떠난다면 어디에서 명예를 이루겠는가? 군자는 밥 한 끼 먹는 짧
은 시간에도 인을 어기지 말아야 하고, 아무리 다급한 때와 위태로운
순간일지라도 반드시 인에 근거해야 한다."

최선을 다해 인을 행하라

子曰 我未見好仁者와 惡不仁者로라 好仁者는 無以尙之오
자왈 아미견호인자   오불인자   호인자   무이상지

惡不仁者는 其爲仁矣에 不使不仁者로 加乎其身이니라
오불인자   기위인의   불사불인자   가호기신

有能一日에 用其力於仁矣乎아 我未見力不足者로라
유능일일   용기력어인의호   아미견력부족자

蓋有之矣어늘 我未之見也로다
개유지의   아미지견야

공자께서 말씀하셨다.

"나는 지금까지 참으로 인을 좋아하는 사람이나 인하지 않음을 싫어
하는 사람을 보지 못했다. 인을 좋아하는 사람은 더할 나위 없이 좋
지만, 인하지 않음을 싫어하는 사람도 그가 인을 행함에 있어 인하지
않은 사람이 자신에게 영향을 미치도록 하지 않는다. 단 하루라도 힘
을 쏟아 인을 행하려고 하는데, 힘이 모자라서 이루지 못한 그런 사
람을 나는 아직 보지 못했다. 그런 사람이 있을 법도 하나, 나는 아직
보지 못했다."

허물로 사람을 알 수 있다

子曰 人之過也는 各於其黨이니 觀過에 斯知仁矣니라
자 왈 인 지 과 야   각 어 기 당   관 과   사 지 인 의

공자께서 말씀하셨다.
"사람의 과실에는 저마다의 유형이 있다. 그러므로 과실만 보고도 그
사람의 인덕을 알 수 있다."

 아침에 도를 깨달으면 저녁에 죽어도 좋다

子曰 朝聞道면 夕死라도 可矣니라
자 왈 조 문 도   석 사   가 의

공자께서 말씀하셨다.
"아침에 도를 들으면 저녁에 죽어도 좋다."

해설
성인으로서 도를 추구하는 공자의 자세를 알 수 있다. 옳은 도를 통하여 마음에 깨달
음이 있으면 곧 죽는 일이 있어도 좋다는 뜻이다. 사람으로서 사람답게 살지 못하고
한평생 사는 것보다 잠시를 살더라도 사람답게 사는 것이 중요하다고 공자는 강조
하였다.

진정으로 도를 깨달으면 가난이 부끄럽지 않다

子曰 士志於道 而恥惡衣惡食者는 未足與議也니라
자 왈 사 지 어 도 이 치 악 의 악 식 자　미 족 여 의 야

공자께서 말씀하셨다.

"선비로서 도에 뜻을 두고도 나쁜 옷과 나쁜 음식을 부끄럽게 여긴다
면 더불어 도를 논할 수 없다."

 ### 군자와 소인의 차이

子曰 君子는 懷德하고 小人은 懷土하며
자 왈 군 자　회 덕　　소 인　회 토

君子는 懷刑하고 小人은 懷惠니라
군 자　회 형　　소 인　회 혜

공자께서 말씀하셨다.

"군자는 덕을 생각하고 소인은 안온한 삶의 터를 생각하며, 군자는
두루 적용되는 법을 생각하고 소인은 작은 혜택을 생각한다."

군자는 오직 의로움을 따른다

子曰 君子之於天下也에 無適也하며 無莫也하여 義之與比니라
자 왈 군 자 지 어 천 하 야   무 적 야   무 막 야   의 지 여 비

공자께서 말씀하셨다.

"군자는 천하에 반드시 그래야만 한다고 고집하는 것도 없고, 절대로
안 된다고 하는 것도 없으며, 오직 의로움만을 따를 뿐이다."

해설

군자는 모든 사람이나 사물을 공평무사하게 보고 또 처리한다. 사사로운 감정이나
이해관계에 매이면 자연히 시야가 편협하게 되고, 편파적 고집이나 주장을 하게 마
련이다. 군자는 항상 대도大道와 대의명분大義名分을 밝힌다. 그러므로 도를 기준으
로 옳고 그름을 결정하며, 사람이나 이해에 따라 편협한 주장이나 고집을 세우지 않
는다.

이익만 좇으면 원망을 산다

子曰 放於利而行이면 多怨이니라
자 왈 방 어 리 이 행   다 원

공자께서 말씀하셨다.

"이익에 따라 행동하면 원한을 사는 일이 많아진다."

해설

자신의 이익만을 취하면 남들과 상충하고 서로 싸우게 마련이다. 사리사욕에 눈이
멀어서 잔인하게 남을 밀어내고 자신의 이득을 취하면 많은 사람의 원한을 산다.
공자는 "눈앞의 이득을 보면 의를 생각하라見利思義"고 말했다. 인자나 군자는 자신
의 물질적인 이득보다 모든 사람을 잘살게 하는 인덕을 앞세운다.

예와 겸양으로 다스려라

子曰 能以禮讓이면 爲國乎에 何有며
자 왈 능 이 예 양   위 국 호   하 유

不能以禮讓爲國이면 如禮何리오
불 능 이 예 양 위 국   여 례 하

공자께서 말씀하셨다.

"예와 겸양으로 나라를 다스린다면 무슨 문제가 있겠는가? 예와 겸
양으로 나라를 다스리지 못한다면 예를 해서 무엇하겠는가?"

해설

나라를 다스리는 기본은 바로 예에 있으며, 이것이 올바르게 있어야만 나라의 기강
과 질서가 바로 선다는 말이다. 만약 예로써 나라를 다스리지 못한다면 예가 필요 없
다는 말이다.

공자의 도

子曰 參乎아 吾道는 一以貫之니라
자 왈 삼 호   오 도   일 이 관 지

曾子曰 唯라
증 자 왈 유

子出이어시늘 門人이 問曰 何謂也이까
자 출   문 인   문 왈 하 위 야

曾子曰 夫子之道는 忠恕而已矣니라
증 자 왈 부 자 지 도   충 서 이 이 의

공자께서 말씀하셨다.

"삼아! 나의 도는 하나로 관통된다."

증자가 대답하였다.

"예."

공자께서 나가시자 문인들이 물었다.

"무슨 말씀입니까?"

증자가 말했다.

"선생님의 도는 충忠과 서恕일 따름입니다."

해설

공자는 일관된 도리를 강조하고 있다. 그것은 다름 아닌 인이다. 이 인을 공자는 사람을 사랑하는 것愛人이라고 했고, 자기의 사욕을 누르고 예로 돌아가는 것克己後禮이라고 하였으며, 또한 내가 원치 않는 것을 남에게 시키지 말라己所不欲 勿施於人고 하였다.

공자의 수제자 증자는 인을 충서忠恕로 풀이하고 있다. 충忠은 자기의 도리를 다하는 것이요, 서恕는 나의 처지로 미루어 남의 입장을 이해하며 관용을 베푼다는 뜻이다.

자신의 자리에서 최선을 다하면
그 진가를 알리게 된다

子曰 不患無位요 患所以立하며 不患莫己知요 求爲可知也니라
자왈 불환무위 환소이립   불환막기지 구위가지야

공자께서 말씀하셨다.

"지위가 없음을 걱정하지 말고 그 자리에 설 수 있는 능력을 갖추기
를 걱정해야 하며, 자기를 알아주지 않는 것을 걱정하지 말고 남이
알아줄 정도가 되도록 노력해야 한다."

군자와 소인의 차이

子曰 君子는 喩於義하고 小人은 喩於利니라
자왈 군자　유어의　　소인　유어리

공자께서 말씀하셨다.

"군자는 의를 밝히고, 소인은 이익을 밝힌다."

모든 사람이 스승이다

子曰 見賢思齊焉하며 見不賢而內自省也니라
자왈 견현사제언　　견불현이내자성야

공자께서 말씀하셨다.

"어진 사람을 보면 그와 같이 되기를 생각하고, 어질지 못한 사람을
보면 자신 또한 그렇지 않은지 깊이 반성한다."

부모를 섬기는 자세

子曰 事父母하되 幾諫이니
자 왈 사 부 모   기 간

見志不從이면 又敬不違하며 勞而不怨이니라
견 지 부 종   우 경 불 위   노 이 불 원

공자께서 말씀하셨다.

"부모를 섬길 때는 부모님께 잘못이 있더라도 조심스럽게 말씀드리
며, 설혹 나의 말이 받아들여지지 않더라도 더욱더 공경하여 부모의
뜻을 어겨서는 안 되며, 아무리 힘들더라도 원망하지 않아야 한다."

부모의 마음을 편안하게 하는 일

子曰 父母在어시든 不遠遊하며 遊必有方이니라
자왈 부모재   불원유   유필유방

공자께서 말씀하셨다.

"부모님이 생존해 계실 때는 먼 곳으로 가서는 안 되며, 부득이하게
떠나갈 때는 반드시 가는 곳을 말씀드려야 한다."

부모의 나이를 기억하라

子曰 父母之年은 不可不知也니 一則以喜오 一則以懼니라
자왈 부모지년   불가부지야   일즉이희   일즉이구

공자께서 말씀하셨다.

"부모님의 연세를 잘 기억해야 한다. 부모님의 연세를 알고 있으면
한편으로는 부모님이 장수하심을 알게 되어 기쁘고, 한편으로는 부
모님이 늙어가는 것을 두려워할 수 있기 때문이다."

실천하지 못할 말은 하지도 말라

子曰 古者에 言之不出은 恥躬之不逮也니라
자 왈 고 자　언 지 불 출　치 궁 지 불 체 야

공자께서 말씀하셨다.
"옛 사람들이 말을 함부로 하지 않은 것은 실천이 따르지 못할 것을
부끄러워했기 때문이다."

 ## 언행을 신중히 하라

子曰 以約失之者는 鮮矣니라
자 왈 이 약 실 지 자　선 의

공자께서 말씀하셨다.
"언행을 삼가 신중히 하면 실수하는 사람은 거의 없다."

말보다 행동이다

子曰 君子는 欲訥於言而敏於行이니라
자왈 군자　욕눌어언이민어행

공자께서 말씀하셨다.

"군자는 말은 어눌하되 행동하는 데 있어서는 민첩하고자 한다."

해설

『논어』에는 눌변訥辯일지라도 말없이 실행하는 사람에 대한 경구가 많다. 그것은 말만 많고 실행에 옮기지 않는 사람을 비판한 것이다.

 ## 덕이 있는 사람은 외롭지 않다

子曰 德不孤라 必有隣이니라
자왈 덕불고　필유린

공자께서 말씀하셨다.

"덕이 있는 사람은 외롭지 않고 반드시 이웃이 있다."

충고도 잦으면 듣기 싫은 법

子游曰 事君數이면 斯辱矣요 朋友數이면 斯疏矣니라
자유왈 사군삭   사욕의   붕우삭   사소의

자유가 말하였다.
"임금을 섬김에 있어 간언을 자주 하면 곤욕을 당하게 되고, 친구를
사귐에 있어 충고를 자주 하면 사이가 소원해진다."

해설

신하는 임금에게 충간忠諫하고 붕우는 서로 충고忠告하는 것이 좋다. 그러나 상대방
의 자존심이나 체면을 손상하지 않는 범위 안에서 성실하게, 동시에 담담한 태도로
해야 한다. 지나칠 정도로 자주 하거나 상대방에게 불쾌감을 줄 정도로 끈질기게 하
면 결국은 사이가 멀어지게 마련이다.

제5장

공야장 公冶長

이 편에는 인물평이 많다.
간결하면서도 재치 있는 말로써
여러 사람에 대한 성품·지혜·강직·선악 등을 논평했고,
사람을 등용하는 방법도 기술했다.

公冶長

사람을 꿰뚫어보는 혜안

子謂公冶長하시되 可妻也로라 雖在縲絏之中이나
자 위 공 야 장　　　가 처 야　　수 재 누 설 지 중

非其罪也라 하시고 以其子妻之하시다
비 기 죄 야　　　　　이 기 자 처 지

子謂南容하시되 邦有道에 不廢하며
자 위 남 용　　　　방 유 도　　불 폐

邦無道에 免於刑戮이라 하시고 以其兄之子로 妻之하시다
방 무 도　　면 어 형 륙　　　　　이 기 형 지 자　　처 지

공자께서 공야장에 대해 말씀하셨다.
"사위로 삼을 만하다. 비록 포승에 묶여 감옥에 갇힌 적은 있지만 그
의 죄가 아니었다"라고 하시고 자신의 딸을 그에게 시집보내셨다.
공자께서 남용에 대해 말씀하셨다.
"나라에 도가 행해지고 있을 때는 버림을 받지 아니하고, 나라에 도
가 행해지지 않을 때에도 형벌을 면할 만한 사람이다"라고 하시고 형
의 딸을 그의 처로 삼게 하셨다.

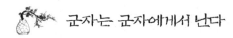 군자는 군자에게서 난다

子謂子賤하시되 君子哉라 若人이여 魯無君子者면 斯焉取斯리오
자 위 자 천   군 자 재   약 인   노 무 군 자 자   사 언 취 사

공자께서 자천에 대해 말씀하셨다.

"군자로다, 이 같은 사람은! 그러나 노나라에 군자가 없었다면 그가
어디에서 이런 군자다움을 취하였겠는가?"

해설

공자가 제자 자천을 치켜세우는 한편 자신의 고향인 노나라의 정치가 지금은 혼란
하지만 원래는 빼어난 군자들이 살던 나라임을 자랑한 것이다.

공자가 인정한 자공

子貢問曰 賜也는 何如하니이까
자공문왈 사야   하여

子曰 女器也니라
자왈 여기야

曰 何器也니이까 曰 瑚璉也니라
왈 하기야   왈 호련야

자공이 물었다.
"저는 어떤 사람입니까?"
공자께서 말씀하셨다.
"너는 그릇이다."
"무슨 그릇입니까?"
"호련이다."

해설

자공은 언변言辯이 뛰어났고 이재理財에 밝았다. 그래서 공자는 "자공은 통달했으니, 정치에 종사해도 아무 걱정이 없다"고 말한 바 있다. 여기서도 공자는 "너는 종묘 제사에서 쓰이는 호련 같은 좋은 그릇이다"라고 칭찬했다. 즉 높은 벼슬에 올라 귀하게 쓰일 것이라는 뜻이다.

말재주가 인덕에서 비롯되지는 않는다

或曰 雍也는 仁而不佞이로다
혹 왈 옹 야   인 이 불 녕

子曰 焉用佞이리오 禦人以口給하여 屢憎於人하나니
자 왈 언 용 녕   어 인 이 구 급   누 증 어 인

不知其仁이어니와 焉用佞이리오
부 지 기 인   언 용 녕

어떤 사람이 말하였다.
"염옹은 어질지만 말재주가 없습니다."
공자께서 말씀하셨다.
"말재주가 무슨 소용이 있는가? 말재주로 교묘하게 응수한다고 해도 결국 남에게 미움을 사게 된다. 그가 어진지는 모르겠으나 말재주를 어디에 쓰겠는가?"

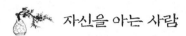 자신을 아는 사람

子使漆雕開로 仕하신대 對曰 吾斯之未能信이로소이다
자 사 칠 조 개   사   대 왈 오 사 지 미 능 신

子說하시다
자 열

공자께서 칠조개에게 관직에 나갈 것을 권하시자 칠조개가 말하였다.
"저는 아직 그 일을 감당할 자신이 없습니다."
그러자 공자께서 몹시 기뻐하셨다.

___

해설

공자는 제자들에게 인격완성을 목표로 두고 가르쳤는데 많은 제자들이 학문보다 벼
슬에 관심을 두었기 때문에 실망했다. 이와 달리 공자가 벼슬을 권하자 칠조개는 정
중하게 사양했는데, 자기의 분수를 알아 거절한 것에 대해 공자가 놀라고 기꺼워한
것이다.

용맹에도 지혜가 따라야 한다

子曰 道不行이라 乘桴浮于海하리니 從我者는 其由與인저
자왈 도불행   승부부우해   종아자   기유여

子路聞之하고 喜한대 子曰 由也는 好勇過我하니 無所取材니라
자로문지   희   자왈 유야 호용과아   무소취재

공자께서 말씀하셨다.

"도가 행해지지 않아 뗏목을 타고 바다로 나간다면 나를 따라올 사람은 아마도 유(자로)일 것이다."

자로가 이 말을 듣고 기뻐하자 공자께서 말씀하셨다.

"자로는 용맹을 좋아함이 나를 능가하지만 사리를 분별할 줄 모른다."

해설

공자의 많은 노력에도 불구하고 천하에는 도가 실현되지 않고 혼란에 빠져 있었다. 이에 실망한 공자는 뗏목을 타고 바다로 가겠다는 생각을 하면서 좌우를 살폈는데 자로가 눈에 띄었다. 자로는 무술이 뛰어난 무사였기 때문에 '자로를 데려갈까' 하였던 것이다. 이때 자로가 공자의 뜻을 살펴 안타까워해야 되었는데, 그것을 모르고 동행자로 지목된 것만 기뻐했던 것이다. 이에 공자가 자로를 꾸짖었던 말이다.

탐욕스러운 이가 강직할 수는 없다

子曰 吾未見剛者로다 或對曰 申棖이니이다
자왈 오미견강자   혹대왈 신정

子曰 棖也는 慾이어니 焉得剛이리오
자왈 정야   욕   언득강

공자께서 말씀하셨다.

"나는 아직 강직한 사람을 보지 못했다."

어떤 사람이 대답하였다.

"신정이 강직합니다."

그러자 공자께서 말씀하셨다.

"신정은 탐욕스러운데 어찌 강직하다고 할 수 있겠느냐?"

능력과 인은 다르다

孟武伯이 問하되 子路는 仁乎이까 子曰 不知也로라
맹무백 문 　　자로 인호 　　자왈 부지야

又問한대 子曰 由也는 千乘之國에 可使治其賦也어니와 不知其仁也라
우문 　　자왈유야 　천승지국 가사치기부야 　　부지기인야

求也는 何如하니이까
구야 　　하여

子曰 求也는 千室之邑과 百乘之家에 可使爲之宰也어니와 不知其仁也라
자왈구야 　천실지읍 백승지가 가사위지재야 　　부지기인야

赤也는 何如하니이까
적야 　　하여

子曰 赤也는 束帶立於朝하여 可使與賓客言也어니와 不知其仁也라
자왈 적야 속대립어조 　　가사여빈객언야 　　부지기인야

맹무백이 물었다.

"자로는 어진 사람입니까?"

공자께서 대답하셨다.

"모르겠습니다."

그가 다시 물으니 공자께서 말씀하셨다.

"자로는 제후의 나라에서 군사를 호령할 수는 있겠지만 그가 어진 사람인지는 모르겠습니다."

"구(염구)는 어떻습니까?"

공자께서 말씀하셨다.

"구는 천 호 정도 되는 큰 고을의 읍장이나 경대부의 집에서 가재 노릇을 할 만하나 어진 사람인지는 모르겠습니다."

"적(자화)은 어떻습니까?"

공자께서 말씀하셨다.

"적은 의관을 갖추고 조정에 서서 빈객들을 접대할 만은 하지만 어진 사람인지는 모르겠습니다."

해설

노나라 권력자 맹무백의 물음에 공자가 답한 것이다. 공자의 학문은 인이 중심인데, 제자들이 인을 중심으로 학문을 닦지 않았기 때문에 공자는 제자들을 말할 때 인이란 말을 한마디도 사용하지 않았다.

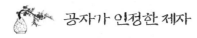

공자가 인정한 제자

子謂子貢曰 女與回也로 孰愈오
자 위 자 공 왈 여 여 회 야   숙 유

對曰 賜也는 何敢望回리이까
대 왈 사 야   하 감 망 회

回也는 聞一以知十하고 賜也는 聞一以知二하나이다
회 야   문 일 이 지 십   사 야   문 일 이 지 이

子曰 弗如也니라 吾與女는 弗如也하니라
자 왈 불 여 야   오 여 여   불 여 야

공자께서 자공에게 물으셨다.

"너와 안회는 누가 더 나으냐?"

"제가 어찌 감히 안회와 견주기를 바라겠습니까? 안회는 하나를 들
으면 열을 알지만, 저는 하나를 들으면 둘을 알 뿐입니다."

공자께서 말씀하셨다.

"안회만 못하니라. 너와 나는 모두 그보다 못하니라."

해설

자공은 구변이 좋고 돈벌이를 잘하는 현실주의자였다. 이와 대조되는 제자가 안빈낙도하는 안회였다. 공자는 자공에게 "너하고 안회 중에 누가 낫다고 생각하느냐?"라고 물었다. 그러자 자공이 자기가 안회보다 못하다는 것을 자인한 것이다. 공자는 "너만이 아니다. 나도 안회를 못 따라간다"라고 말하며, 솔직하게 대답한 자공을 칭찬할 겸 위로해 주었다.

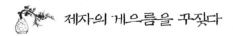 제자의 게으름을 구짖다

宰予晝寢이어늘 子曰 朽木은 不可雕也며
재 여 주 침   자 왈 후 목   불 가 조 야

糞土之牆은 不可杇也니 於予與에 何誅리오
분 토 지 장   불 가 오 야   어 여 여   하 주

子曰 始吾於人也에 聽其言而信其行이러니
자 왈 시 오 어 인 야   청 기 언 이 신 기 행

今吾於人也에 聽其言而觀其行하노니 於予與改是로라
금 오 어 인 야   청 기 언 이 관 기 행   어 여 여 개 시

재여가 낮잠을 자고 있자, 공자께서 말씀하셨다.
"썩은 나무에는 조각을 할 수 없고, 더러운 흙으로 쌓은 담장은 흙손
질을 할 수가 없다. 재여 같은 인간을 나무라서 무엇하겠는가?"
공자께서 말씀하셨다.
"처음에 나는 사람을 대할 때, 그의 말을 듣고 그 행실을 믿었는데,
이제 나는 그의 말을 듣고서도 그의 행실을 살펴보게 되었다. 재여로
인해 내가 사람 대하는 태도를 고치게 된 것이다."

해설

공자는 교육에 대한 열정이 누구보다 컸다. 그런데 재여가 낮잠을 자고 있자, 학문에
대한 게으름을 질책한 것이다.

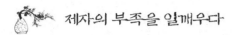# 제자의 부족을 일깨우다

子貢曰 我不欲人之加諸我也는 吾亦欲無加諸人하나이다
자공 왈 아 불 욕 인 지 가 저 아 야   오 역 욕 무 가 저 인

子曰 賜也아 非爾所及也니라
자 왈 사 야   비 이 소 급 야

자공이 말하였다.

"저는 남이 저에게 하기를 바라지 않는 일을 저 또한 남에게 하지 않으려고 합니다."

공자께서 말씀하셨다.

"사야, 그것은 네가 해낼 수 있는 바가 아니다."

해설

자공은 공자의 제자 중에서도 스스로 내세우기를 좋아하는 사람이다. 또한 자공은 인을 실천하는 단계에 이르지도 못했고 작은 그릇에서 벗어나지 못한 인물이다. 그런 자공의 결점을 공자가 타이르고 있는 문장이다.

실천 가능한 가르침만 전하다

子貢曰 夫子之文章은 可得而聞也어니와
자 공 왈 부 자 지 문 장   가 득 이 문 야

夫子之言性與天道는 不可得而聞也니라
부 자 지 언 성 여 천 도   불 가 득 이 문 야

자공이 말하였다.

"선생님의 인생 철학에 대한 가르침은 늘 받아왔지만, 선생님께서 인간의 본성과 천도에 대해 말씀하시는 것은 들을 수가 없었다."

해설

공자가 관념 철학보다 생활 철학에서의 실천 철학을 중시했다는 것을 의미하는 말이다. '문장文章'은 말이나 글, 또는 행동으로 드러나는 가르침으로 보기도 한다. '성여천도性與天道'에서 '성性'은 타고난 본성으로의 성품을 말하고, '천도天道'는 자연의 이치를 뜻한다. 이것은 현실 속에서 쉽게 검증될 수 없고, 추상적인 논의에 빠지기 쉽기 때문에 공자는 제자들에게 이런 이야기를 하지 않았다.

배움은 실천으로 이어져야 한다

子路는 有聞이요 未之能行하여선 唯恐有聞하더라
자로   유문   미지능행   유공유문

자로는 가르침을 듣고 그것을 아직 실행하지 못했으면 새로운 가르
침 듣기를 두려워했다.

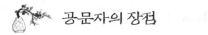# 공문자의 장점

子貢問曰 孔文子를 何以謂之文也니이까
자 공 문 왈 공 문 자 하 이 위 지 문 야

子曰 敏而好學하며 不恥下問이라 是以謂之文也니라
자 왈 민 이 호 학 불 치 하 문 시 이 위 지 문 야

자공이 물었다.

"공문자에게는 어찌하여 '문文'이라는 시호를 붙였습니까?"

공자께서 말씀하셨다.

"그는 영민하면서도 배우기를 좋아하였고, 자기보다 못한 아랫사람에게 묻는 것을 부끄럽게 여기지 않았으므로 그의 시호를 문文이라한 것이다."

해설

공문자는 태숙질太叔疾의 본부인을 내쫓게 하고 자신의 딸 공길孔姞을 태숙질에게 시집보냈는데 얼마 후 태숙질이 본부인의 여동생과 간통했다. 이에 화가 난 공문자가 태숙질을 치려고 하자 태숙질은 송나라로 달아났고 공문자는 태숙질의 아우에게 자신의 딸 공길을 아내로 맞이하게 했다. 이런 공문자에게 '문文'이란 시호가 주어졌기 때문에 의아하게 생각한 자공이 물은 것이다.

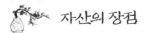

자산의 장점

子謂子産하시되 有君子之道四焉이니
자 위 자 산　　　 유 군 자 지 도 사 언

其行己也恭하며 其事上也敬하며 其養民也惠하며 其使民也義니라
기 행 기 야 공　　 기 사 상 야 경　　 기 양 민 야 혜　　 기 사 민 야 의

공자께서 자산에 대하여 말씀하셨다.
"그는 군자의 도를 네 가지 갖추고 있었다. 몸가짐이 겸허하였고, 윗
사람 섬김에는 공경스러웠으며, 백성을 다스림이 은혜로웠고, 백성
을 부리되 도리에 맞도록 하였다."

해설

공자가 존경했던 정치가인 자산子産에 대해 말한 것으로 이 네 가지는 공자가 거론
한 군자의 조건이다.

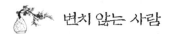 변치 않는 사람

子曰 晏平仲은 善與人交로 久而敬之로다
자 왈 안 평 중   선 여 인 교   구 이 경 지

공자께서 말씀하셨다.

"안평중은 사람들과의 교제를 잘하였으니, 사귄 지 오래되어도 변함
없이 공경스러웠다."

해설

안평중은 제나라 영공靈公, 장공莊公, 경공景公 등 3대 군주를 섬겼고, 국가를 여러
번 위기에서 구한 인물이다. 안평중은 존경심을 잃지 않았기 때문에 공자는 안평중
을 좋아하지 않았음에도 그의 합리성과 인격에는 존경을 보냈던 것이다.

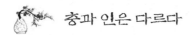

충과 인은 다르다

子張이 問曰 슈尹子文이 三仕爲슈尹하되 無喜色하며
자장 문왈 영윤자문 삼사위영윤   무희색

三已之하되 無慍色하여
삼이지   무온색

舊슈尹之政을 必以告新슈尹하니 何如하니이까 子曰 忠矣니라
구영윤지정 필이고신영윤   하여   자왈 충의

曰 仁矣乎이까 曰 未知로라 焉得仁이리오
왈 인의호   왈 미지   언득인

자장이 물었다.

"자문은 세 번이나 벼슬에 나가 영윤이 되었으되 기뻐하는 기색이 없었
고, 세 번이나 벼슬을 그만두게 되었어도 원망함이 없었습니다. 또한 자
리를 물릴 때에는 자신의 정사를 반드시 후임 영윤에게 일러주었습니
다. 그는 어떻습니까?"

공자께서 말씀하셨다.

"충직한 사람이구나."

"어질다 하겠습니까?"

"모르겠다만 어찌 어질다 하겠느냐?"

너무 많은 생각도 쓸데없다

季文子三思而後에 行하더니 子聞之하시고 日 再斯可矣니라
계 문 자 삼 사 이 후   행   자 문 지   왈 재 사 가 의

계문자는 세 번 생각한 후에야 실행에 옮겼는데 공자께서 이를 듣고 말
씀하셨다.

"두 번이면 된다."

해설

계문자는 노나라의 대부로 박식하고, 재주가 몹시 뛰어났는데 일을 처리할 때는 반
드시 세 번씩 생각하고 난 다음에 실천에 옮겼다. 공자는 이 말을 듣고 지나친 생각
은 오히려 우유부단을 일으킬 수 있으므로 두 번이면 족하다고 하였다. 또한 공자는
생각을 너무 많이 하면 오히려 실수를 저지를 수도 있다고 충고하였다.

어리석은 척한 것도 지혜

子曰 寧武子邦有道則知하고 邦無道則愚하니
자 왈 영 무 자 방 유 도 즉 지   방 무 도 즉 우

其知는 可及也어니와 其愚는 不可及也니라
기 지 가 급 야   기 우 불 가 급 야

공자께서 말씀하셨다.

"영무자는 나라에 도가 행해질 때는 지혜롭게 행동하고, 나라에 도가
행해지지 않을 때에는 어리석은 척했다. 그의 지혜로움은 따라갈 수
있지만 그 어리석은 듯한 행동은 아무나 따를 수 없느니라."

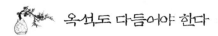 옥석도 다듬어야 한다

子在陳하사 曰 歸與歸與인저 吾黨之小子狂簡하며
자 재 진   왈 귀 여 귀 여   오 당 지 소 자 광 간

斐然成章이요 不知所以裁之로다
비 연 성 장   부 지 소 이 재 지

공자께서 진나라에 계실 때 말씀하셨다.

"돌아가자! 돌아가자! 우리 고향의 젊은이들은 뜻은 크고 진취적이
지만 일에 미숙하고, 훌륭한 기본은 갖추었지만 일을 바르게 재량할
줄 모른다."

해설

노나라의 정치를 전횡하던 계간자가 죽고 그 뒤를 이어 공자의 제자인 염구가 등용
되었다. 그래서 당시 진나라에 머물고 있던 공자는 새로운 시대에 대한 희망을 안고
고향으로 돌아가 자신의 이상을 제자들에게 전수할 것을 결심하였다. 그래서 애공
11년에 계강자는 염구의 권고로 공자에게 귀국을 정식으로 요청하게 되었고, 비로소
공자는 10여 년에 이르는 유랑생활을 마쳤다.

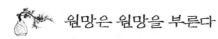

원망은 원망을 부른다

子曰 伯夷叔齊는 不念舊惡이라 怨是用希니라
자 왈 백 이 숙 제   불 념 구 악   원 시 용 희

공자께서 말씀하셨다.

"백이와 숙제는 지난날의 원한을 생각지 않았다. 그러므로 이들을 원
망하는 사람도 드물었다."

해설

형 백이와 동생 숙제는 고죽국의 왕자였다. 백이는 부왕父王이 평소에 동생 숙제에
게 왕위를 물려주려고 하는 뜻을 잘 알고 있었으므로 부왕 사망 후, 주나라 문왕文王
의 덕을 흠모하여 주나라로 갔다. 그러자 동생 숙제도 뒤따라왔다. 고죽국에서는 결
국 셋째가 왕위를 계승했다. 그러나 이들이 주나라에 갔을 때는 문왕이 죽고, 그의
아들 무왕武王이 은나라 주왕紂王을 치려고 출동하고 있었다. 이에 그들은 앞으로 나
가서 무왕의 말고삐를 잡고 말했다.

"부친의 상례도 다 마치지 않고 군대를 동원하는 것은 불효요, 은나라의 신하로서
임금을 치려는 것은 불충입니다."

그러자 출동하던 주나라 군사들이 칼을 뽑아 백이와 숙제를 참하려 했다. 그때에 군
사 강태공이 큰 소리로 "그들은 의인이다"하고 외치며 제지하여 살아남을 수 있었다.
그러나 백이와 숙제는 주나라가 천하를 통일한 다음에도 불의를 저지른 주나라 곡
식을 먹을 수 없다 하여 수양산에 들어가 고사리를 따먹으며 굶어 죽었다.

백이와 숙제는 정의와 청백을 대표하는 인물이다. 원래 정의감이 강하고 청렴결백한
사람은 무도한 악인을 미워하게 마련이다. 그러나 백이와 숙제는 남의 악덕을 막으
려고 했을 뿐, 사람 자체를 미워하거나 원망하지 않았다. 이 점을 공자가 높이 평한
것이다.

있는 그대로 말하는 것이 정직

子曰 孰謂微生高直고 或이 乞醯焉이어늘 乞諸其隣而與之로다
자왈 숙위미생고직   혹   걸혜언   걸저기린이여지

공자께서 말씀하셨다.

"누가 미생을 정직하다고 하는가? 어떤 사람이 그에게 식초를 얻고
자 하자 그는 이웃집에 가서 얻어다 주었다."

해설

미생지신尾生之信이라고 하면 보통 융통성이 없어 하나만 알고 둘은 모르는 어리석은 신
의를 일컫는 말로 쓰인다. 미생이 식초를 얻으려고 온 사람에게 이웃의 식초를 얻어다 주
면서까지 준 것은 가륵한 일이다. 그러나 공자는 자기에게 없으면 없다고 하는 것이 더욱
정직하고 떳떳한 일로 여긴 것이다.

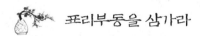
표리부동을 삼가라

子曰 巧言令色足恭을 左丘明恥之하니 丘亦恥之하노라
자왈 교언영색주공   좌구명치지   구역치지

匿怨而友其人을 左丘明恥之하니 丘亦恥之하노라
익원이우기인   좌구명치지   구역치지

공자께서 말씀하셨다.

"겉으로 말을 잘 꾸미고 낯빛을 부드럽게 하고, 지나치게 공손한 척
하는 태도를 좌구명이 부끄럽게 여겼듯이 나 또한 그것을 부끄럽게
여긴다. 또 속의 원한을 감추고 친한 척하는 것을 좌구명이 부끄럽게
여긴 것처럼 나도 그것을 부끄럽게 여긴다."

세 사람의 소망

顔淵季路侍러니 子曰 盍各言爾志리오
안연계로시　　자왈 합각언이지

子路曰 願車馬와 衣輕裘를 與朋友共하여 敝之而無憾하나이다
자로왈 원거마　의경구　여붕우공　　폐지이무감

顔淵曰 願無伐善하며 無施勞하나이다
안연왈 원무벌선　　무시로

子路曰 願聞子之志하나이다
자로왈 원문자지지

子曰 老者를 安之하며 朋友를 信之하며 少者를 懷之니라
자왈 노자　안지　붕우　신지　　소자　회지

안연과 자로가 공자를 모시고 있을 때 공자께서 말씀하셨다.
"너희들의 소망하는 바를 각기 말해보지 않겠느냐?"
자로가 말하였다.
"좋은 말과 수레와 가벼운 가죽옷을 얻어 벗들과 같이 나눠 쓰다가,
끝내 헐어 못 쓰게 된다 해도 아깝게 여기지 않겠습니다."
안연이 말하였다.
"착한 일을 남에게 자랑하지 않고, 남에게 힘드는 일을 강요하지
않겠습니다."

자로가 말하였다.

"선생님께서 원하시는 바를 듣고 싶습니다."

공자께서 말씀하셨다.

"노인들을 편하게 해주고, 벗들에게는 신의를 지키며, 젊은이들을 사랑으로 품고자 한다."

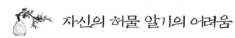 자신의 허물 알기의 어려움

子曰 已矣乎라 吾未見能見其過하고 而內自訟者也로라
자왈 이의호   오미견능견기과   이내자송자야

공자께서 말씀하셨다.

"끝났구나! 아직까지 자기의 잘못을 보고 스스로 반성할 줄 아는 사람을 보지 못했으니!"

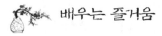 배우는 즐거움

子曰 十室之邑에 必有忠信如丘者焉이어니와 不如丘之好學也니라
자왈 십실지읍   필유충신여구자언   불여구지호학야

공자께서 말씀하셨다.

"열 가구 정도의 작은 마을에도 반드시 충성과 신의에 있어서는 나만한 사람이 있을 것이다. 그러나 나만큼 학문을 좋아하는 사람은 없을 것이다."

제6장

옹야 雍也

이 편은 공자의 제자들에 대한 인물 평가가 많이 실려 있다.
전반부는 대체로 여러 인물들을 배척하는 구절이 많고 후반부는 칭찬하는 구절이 많다.
특히 후반부에는 인仁 · 지知 · 군자君子 등에 대한 구절이 많으므로
공자의 사상을 연구하는 데 큰 도움이 되는 부분이다.

雍也

대범함도 지나치면 문제

子曰 雍也는 可使南面이로다
자왈 옹야   가사남면

仲弓이 問子桑伯子한대 子曰 可也簡이니라
중궁   문자상백자   자왈 가야간

仲弓이 曰 居敬而行簡하여 以臨其民이면 不亦可乎이까
중궁   왈 거경이행간   이임기민   불역가호

居簡而行簡이면 無乃大簡乎아
거간이행간   무내태간호

子曰 雍之言이 然이라
자왈 옹지언   연

공자께서 말씀하셨다.
"염옹이라면 한 나라를 다스리게 해도 좋을 만큼 훌륭한 인품과 자질
을 갖추었다."
중궁이 자상백자에 대해 묻자 공자께서 말씀하셨다.
"괜찮다. 그는 대범하다."
중궁이 말했다.
"몸가짐이 경건하면서 그 행하는 바가 대범하여 그것을 백성들에게
펼친다면 좋다고 할 수 있겠습니다만 몸가짐도, 행하는 바도 줄곧 스

스럼없기만 하다면 대범한 것도 정도가 지나친 것 아니겠습니까?"

공자께서 말씀하셨다.

"네 말이 옳다."

 공자가 아끼는 제자

哀公이 問 弟子孰爲好學이니까
애공　문 제 자 숙 위 호 학

孔子對曰 有顔回者好學하여 不遷怒하며 不貳過하더니
공 자 대 왈 유 안 회 자 호 학　　불 천 노　　불 이 과

不幸短命死矣라 今也則亡하니 未聞好學者也니이다
불 행 단 명 사 의　　금 야 즉 무　　미 문 호 학 자 야

애공이 물었다.

"제자들 중에서 누가 배우기를 가장 좋아합니까?"

공자께서 대답하셨다.

"안회가 배우기를 좋아했습니다. 그는 다른 사람에게 화풀이를 하지
않았고 같은 잘못을 두 번 되풀이하지 않았으나 불행히도 명이 짧아
지금은 없습니다. 그 후로는 배우기를 좋아하는 사람이 누군지 아직
알지 못합니다."

해설

노나라 애공이 공자에게 제자 가운데 학문이 가장 뛰어난 사람을 묻는 문장이다. 안
회는 공자가 가장 사랑했던 제자인데 일찍 죽었다. 그가 죽은 이후에는 학문을 좋아
하는 제자가 없다고 한 것을 보면 공자가 그의 죽음을 얼마나 애통해했는지를 알 수
있다.

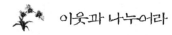 이웃과 나누어라

原思爲之宰러니 與之粟九百이어시늘 辭한대
원 사 위 지 재   여 지 속 구 백   사

子曰 毋하라 以與爾隣里鄕黨乎인저
자 왈 무   이 여 이 인 리 향 당 호

원사가 영읍의 책임자로 있을 때 공자가 그에게 곡식 구백 석을 주었
다. 그가 너무 많다며 사양하자, 공자께서 말씀하셨다.
"사양하지 마라! 그것을 네 이웃과 마을 사람들에게 나눠주면 되지
않느냐!"

해설

원사는 공자의 제자 중에서 가장 청빈한 사람이었다. 공자가 노나라에서 벼슬에 임용되
어 영지를 받게 되었는데, 이때 원사를 가신으로 임명하여 그 읍을 맡아 관리하게 하고
그에게 900석이라는 많은 양의 곡식을 녹봉으로 주었다. 청빈한 원사가 녹봉이 너무 많
다고 사양하자 공자는 마땅히 주어야 할 녹봉이므로 사양하지 말 것이며, 너무 많다고
생각된다면 마을의 곤궁한 사람들에게 나눠주라고 했다.

빼어난 사람은 쓰임 받게 된다

子謂仲弓曰 犁牛之子騂且角이면 雖欲勿用이나 山川其舍諸아
자 위 중 궁 왈   이 우 지 자 성 차 각   수 욕 물 용   산 천 기 사 저

공자께서 중궁에게 말씀하셨다.

"얼룩소의 새끼라도 그 털색이 붉고 뿔이 바르다면 사람들이 비록 제
물로 쓰지 않으려 한들 산천의 신이 어찌 그것을 내버려두겠는가?"

해설

중궁은 자신의 출신이 미천한 것에 항상 열등감을 품고 있었기 때문에 공자는 그에
게 자신감과 희망을 갖게 하기 위해 희생물을 비유하여 이 말을 했다.

공자가 중궁에게 말한 얼룩소는 제물로 쓰기에 가치 없는 소, 즉 그의 미천한 출신을
비유했고 털이 붉고 뿔이 바르게 난 소는 제사에서 쓰이는 최상의 소, 즉 나라의 요
직에 쓰일 인재를 비유한 것으로 사람은 출신에 관계없이 자신의 부단한 연마와 노
력이 가장 중요함을 역설한 것이다.

공자가 바라본 안회

子曰 回也는 其心三月이 不違仁이오
자 왈 회 야   기 심 삼 월   불 위 인

其餘는 則日月至焉而已矣니라
기 여   즉 일 월 지 언 이 이 의

공자께서 말씀하셨다.

"안회는 그 마음이 석 달 동안 인에서 떠나지 않지만 그 나머지 사람들은 하루나 한 달에 한 번 인에 생각이 미칠 뿐이다."

해설

인은 공자가 추구했던 덕목이자 그의 목표였다. 사람이 사람으로서의 도리를 실현하는 것이 인이기 때문이다. 사람이 인을 체득하고 실현하는 것은 결코 쉬운 일이 아니다. 이러한 것을 생각해 보면 안회의 훌륭함과 더불어 그에 대한 공자의 사랑을 느낄 수 있다.

길이 아니면 가지 말라

季氏使閔子騫으로 爲費宰한대 閔子騫曰 善爲我辭焉하라
계 씨 사 민 자 건   위 비 재   민 자 건 왈 선 위 아 사 언

如有復我者면 則吾必在汶上矣로다
여 유 부 아 자   즉 오 필 재 문 상 의

계씨가 민자건을 자신의 식읍인 비읍의 수장으로 삼으려 하자 민자
건이 사신에게 말하였다.
"저를 위하여 그대가 잘 거절해 주십시오. 만약 다시 저를 찾는 일이
있다면 저는 분명히 문수汶水의 강가에 있을 것입니다."

해설

민자건은 공자의 제자로, 제자 가운데서 덕행으로는 안회 다음이었다고 한다. 문수
는 노나라와 제나라의 경계를 흐르는 강으로 문수를 넘어가버린다는 것은 제나라로
망명해버리겠다는 뜻이다.
민자건이 벼슬자리를 거절한 것은 권세가인 계씨의 밑에서 일하는 것이 의롭지 못
하다고 생각했기 때문이다. 윗사람을 거스르는 자를 주인으로 삼게 되면 그 무도한
일을 돕거나 묵인해야 하는데 그런 벼슬은 안 하는 것이 낫다고 생각한 것이다.

 제자들의 장점

季康子問 仲由可使從政也與이까
계 강 자 문 중 유 가 사 종 정 야 여

子曰 由也果하니 於從政乎에 何有리오
자 왈 유 야 과   어 종 정 호   하 유

曰 賜也可使從政也與이까
왈 사 야 가 사 종 정 야 여

曰 賜也達하니 於從政乎에 何有리오
왈 사 야 달   어 종 정 호   하 유

曰 求也可使從政也與이까
왈 구 야 가 사 종 정 야 여

曰 求也藝하니 於從政乎에 何有리오
왈 구 야 예   어 종 정 호   하 유

계강자가 물었다.

"중유(자로)는 정치에 종사할 만합니까?"

공자께서 말씀하셨다.

"중유는 과단성이 있으니 정치에 종사해도 아무 문제가 없습니다."

계강자가 물었다.

"사(자공)는 정치에 종사할 만합니까?"

공자께서 말씀하셨다.

"사는 세상사에 두루 통달하였으니 정치에 종사해도 아무 문제가 없습니다."

계강자가 물었다.

"구(염구)는 정치에 종사할 만합니까?"

공자께서 말씀하셨다.

"구는 재주가 있으니 정치에 종사해도 아무 문제가 없습니다."

해설

공자는 계강자의 질문에 제자인 자로의 과감함과 결단성, 자공의 사리 깊은 통찰력, 염구의 다재다능함 등 정치를 하는 사람에게 필요한 자질을 제시하였다.

제자에 대한 공자의 애정

伯牛有疾이어늘 子問之하실새 自牖執其手하사
백 우 유 질   자 문 지   자 유 집 기 수

曰 亡之러니 命矣夫라 斯人也而有斯疾也할새
왈 무 지   명 의 부   사 인 야 이 유 사 질 야

斯人也而有斯疾也할새
사 인 야 이 유 사 질 야

백우가 병을 앓자, 공자께서 문병을 가시어 창문 너머로 그의 손을
잡고 말씀하셨다.
"이럴 수는 없는데, 운명이란 말인가! 이렇게 훌륭한 사람에게 이런
병에 걸리다니! 이렇게 훌륭한 사람에게 이런 병에 걸리다니!"

해설

백우는 안회, 민자건과 더불어 덕행이 뛰어났던 제자이다. 공자가 창문으로 백우의
손을 잡은 이유는 백우가 병이 옮을 것을 염려하여 직접 만나길 거절했기 때문으로
추측된다. "이렇게 훌륭한 사람에게 이런 병이 걸리다니!"라고 반복한 것에서 아끼
던 제자의 죽음을 앞에 두고 애통해하는 공자의 마음이 잘 드러났다.

즐거움은 마음에서 비롯된다

子曰 賢哉라 回也여 一簞食와 一瓢飮으로 在陋巷을
자왈 현재 회야   일단사 일표음   재누항

人不堪其憂어늘 回也不改其樂하니 賢哉라 回也여
인불감기우   회야불개기락   현재   회야

공자께서 말씀하셨다.

"참으로 회는 어질다. 밥 한 그릇과 물 한 바가지로 누추한 곳에 살게
되면 보통 사람들은 그 근심을 견뎌내지 못하는데, 회는 그렇게 살면
서도 그 즐거움이 변치 않으니 참으로 회는 어질도다!"

미리 단정 짓지 말라

冉求曰 非不說子之道언마는 力不足也로이다
염 구 왈 비 불 열 자 지 도　　　　역 부 족 야

子曰 力不足者는 中道而廢하니라 今女畵이로다
자 왈 역 부 족 자　　중 도 이 폐　　　　금 여 획

염구가 말하였다.
"선생님의 도를 좋아하지 않는 것이 아니라 제 능력이 부족합니다."
공자께서 말씀하셨다.
"능력이 부족한 사람은 할 수 있는 데까지 해보다가 도중에 그만두는
법인데, 지금 너는 스스로 못한다고 선을 긋고 있구나."

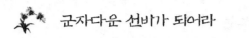 군자다운 선비가 되어라

子謂子夏曰 女爲君子儒요 無爲小人儒하라
자 위 자 하 왈   여 위 군 자 유   무 위 소 인 유

공자께서 자하에게 말씀하셨다.

"군자다운 선비가 되어라. 소인 같은 선비가 되지 마라."

해설

자하는 공자의 제자 중에서 문학에 뛰어났는데, 그의 학문이 바르게 펼쳐지길 바랐기 때문에 이렇게 말했다.

인재를 알아보는 법

子游爲武城宰러니 子曰 女得人焉爾乎아
자유위무성재   자왈 여득인언이호

曰 有澹臺滅明者하니 行不由徑하며
왈 유담대멸명자   행불유경

非公事어든 未嘗至於偃之室也니이다
비공사   미상지어 언지실야

자유가 무성읍의 수장이 되자 공자께서 말씀하셨다.

"너는 좋은 인재를 얻었느냐?"

자유가 대답했다.

"담대멸명이라는 사람이 있습니다. 그는 길을 갈 때 좁은 지름길로
다니지 않고, 공적인 일이 아니면 제 방에 오지 않습니다."

인재는 자랑하지 않아도 드러난다

子曰 孟之反은 不伐이로다 奔而殿하여 將入門할새 策其馬曰
자 왈 맹 지 반   불 벌   분 이 전   장 입 문   책 기 마 왈

非敢後也라 馬不進也라 하니라
비 감 후 야   마 부 진 야

공자께서 말씀하셨다.

"맹지반은 공을 자랑하지 않는다. 전쟁에 패하여 달아날 때는 군대의 후미에서 적을 막았으며, 성문에 들어서려고 할 즈음에야 말에 채찍질을 하면서 말하기를, '일부러 뒤에 처지려 한 것이 아니라 말이 나아가지 않았소'라고 하였다."

해설

노나라의 군대가 제나라의 군대에 패해 도망쳐 노나라의 성문에 들어올 때의 일을 말한 것으로 맹지반은 군대가 패주할 때, 제일 뒤에 처져 추격하는 적을 막아 아군이 무사히 피신하는지 살핀 뒤에 성문으로 들어섰는데 자신의 마음씀을 내세우지 않고 말이 제대로 달리지 않았다고 말했다.

난세를 뛰어넘는 언변

子曰 不有祝鮀之佞이며 而有宋朝之美면 難乎免於今之世矣니라
자 왈 불 유 축 타 지 녕   이 유 송 조 지 미   난 호 면 어 금 지 세 의

공자께서 말씀하셨다.

"축타와 같은 말솜씨가 없이 송조와 같은 미모만 지녔다면 오늘날과
같은 세상에서 화를 면하기 어려울 것이다."

해설

축타는 위나라의 대부로 언변이 좋았다고 한다. 제후들이 회합을 했을 때, 채나라를
위나라보다도 상석에 앉히려는 움직임이 있자 축타가 나서서 논쟁을 벌여 위나라를
채나라 상석에 두는 데 성공했다고 한다. 당시 위나라의 군주는 영공이었는데, 그가
무도한 행동을 많이 하고도 군주의 지위를 잃지 않았던 데에는 축타 같은 사람이 있
었기 때문이라고 공자는 평가했다.

 도를 따르라

子曰 誰能出不由戶리오마는 何莫由斯道也오
자 왈 수 능 출 불 유 호   하 막 유 사 도 야

공자께서 말씀하셨다.

"누구라도 밖으로 나갈 때, 방문을 통과하지 않을 수 있겠는가? 그런
데 어찌하여 도의 길을 걸으려는 사람은 없단 말인가?"

해설

어느 누구도 방문을 통과하지 않고서는 안에서 밖으로 또는 밖에서 안으로 들어올
수 없다. 공자는 자신이 추구하는 도를 문에 비유했는데 사람이 사람답게 살고자 한
다면 마땅히 걸어야 할 길이 도라고 주장했다.

내면과 외면의 조화

子曰 質勝文則野요 文勝質則史니 文質이 彬彬 然後에 君子니라
자 왈 질 승 문 즉 야   문 승 질 즉 사   문 질   빈 빈 연 후   군 자

공자께서 말씀하셨다.

"실질적인 내용이 겉모습보다 뛰어나면 너무 투박하고, 겉모습이 실질적인 내용보다 뛰어나면 형식에만 흐르게 된다. 겉모습과 실질적인 내용이 적절히 조화를 이루어야 군자다우니라."

 ## 사람은 정직해야 한다

子曰 人之生也直하니 罔之生也는 幸而免이니라
자 왈 인 지 생 야 직   망 지 생 야   행 이 면

공자께서 말씀하셨다.

"사람이 살아가는 도리는 정직에 있으니 정직하지 않은 삶은 요행히 죽음을 면한 것뿐이다."

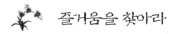 즐거움을 찾아라

子曰 知之者는 不如好之者요 好之者는 不如樂之者니라
자 왈 지 지 자   불 여 호 지 자   호 지 자   불 여 락 지 자

공자께서 말씀하셨다.

"알기만 하는 사람은 그것을 좋아하는 사람만 못하고, 좋아하는 사람
은 즐기는 사람만 못하다."

 군자의 태도

子曰 君子博學於文이오 約之以禮면 亦可以弗畔矣夫인저
자 왈 군 자 박 학 어 문   약 지 이 례   역 가 이 불 반 의 부

공자께서 말씀하셨다.

"군자는 널리 글을 배우고 예로써 자신의 행동을 단속해야 한다. 그
래야 비로소 도리에서 어긋나지 않을 것이다."

가르침도 알아들을 만한 사람에게 전하라

子曰 中人以上은 可以語上也이어니와
자 왈 중 인 이 상   가 이 어 상 야

中人以下는 不可以語上也니라
중 인 이 하   불 가 이 어 상 야

공자께서 말씀하셨다.

"보통 이상의 수준에 해당하는 사람들에게는 높은 수준의 것을 말할
수 있으나, 보통 이하에 해당하는 사람들에게는 높은 수준의 것을 말
할 수 없다."

해설

중인이상中人以上은 사회적 신분의 고하를 말하는 것이 아니라 학문과 인격 도야의
정도를 말하는 것이다. 교육을 받는 사람의 수준에 따라 맞춤 교육을 해야 한다는 뜻
이다.

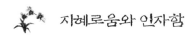 ## 지혜로움와 인자함

樊遲問知한대 子曰 務民之義요 敬鬼神而遠之면 可謂知矣니라
번 지 문 지   자 왈 무 민 지 의   경 귀 신 이 원 지   가 위 지 의

問仁한대 曰 仁者先難而後獲이면 可謂仁矣니라
문 인   왈 인 자 선 난 이 후 획   가 위 인 의

번지가 지혜에 대해 묻자, 공자께서 말씀하셨다.

"사람이 마땅히 해야 할 도리를 실천하는 데 힘을 기울이고, 귀신의
힘을 빌려 복을 구하고 화를 물리치는 어리석은 짓을 하지 않는 것이
지혜로운 사람의 올바른 자세이다."

인에 대해 묻자, 공자께서 말씀하셨다.

"인자함이란 어려운 일에는 먼저 나서고 이득을 챙기는 데에는 남보
다 뒤지는 것이니, 이렇게 하면 인자하다고 할 수 있다."

지혜로운 사람과 어진 사람

子曰 知者는 樂水하고 仁者는 樂山이니
자 왈 지 자   요 수   인 자   요 산

知者는 動하고 仁者는 靜하며 知者는 樂하고 仁者는 壽니라
지 자   동   인 자   정   지 자   락   인 자   수

공자께서 말씀하셨다.

"지혜로운 사람은 물을 좋아하고, 어진 사람은 산을 좋아한다. 지혜
로운 사람은 동적이고 어진 사람은 정적이며, 지혜로운 사람은 인생
을 즐겁게 살고 어진 사람은 장수한다."

해설

지혜로운 사람과 어진 사람의 특징을 물과 산에 견주어 알기 쉽게 말했다. 지혜로운
사람은 모든 이치에 통달하기 때문에 마치 흐르는 물과 같아 물을 좋아한다. 어진 사
람은 정의와 진리에 뜻을 두고 인품이 중후한 것이 산과 같아 산을 좋아하게 된다는
것이다.

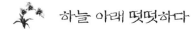 하늘 아래 떳떳하다

子見南子하신대 子路不說이어늘
자 견 남 자   자 로 불 열

夫子矢之曰 予所否者면 天厭之天厭之시리라
부 자 시 지 왈 여 소 부 자   천 염 지 천 염 지

공자가 남자를 만나자 자로가 좋아하지 않았다. 이에 공자가 맹세하
여 말씀하셨다.

"나에게 허물이 있다면 하늘이 나를 버리실 것이다. 하늘이 나를 버리
실 것이다!"

해설

남자南子는 위나라 영공의 부인으로, 당시 위나라 정권을 실질적으로 장악하고 있었
다. 그런데 정당치 못한 행동이 종종 있어서 평판이 좋지 않았다. 그런 남자가 집요
하게 공자에게 회견을 요청하니 공자는 할 수 없이 만났다고 전해진다.

백성 구제의 어려움

子貢曰 如有博施於民而能濟衆한대 何如니이까 可謂仁乎니이까
자공 왈 여 유 박 시 어 민 이 능 제 중   하 여   가 위 인 호

子曰 何事於仁이리오 必也聖乎인저 堯舜도 其猶病諸시니라
자 왈 하 사 어 인   필 야 성 호   요 순   기 유 병 저

夫仁者는 己欲立而立人하며 己欲達而達人이니라
부 인 자   기 욕 립 이 립 인   기 욕 달 이 달 인

能近取譬면 可謂仁之方也已니라
능 근 취 비   가 위 인 지 방 야 이

자공이 말하였다.

"만약 백성들에게 은혜를 베풀고 많은 사람을 어려움으로부터 구제
할 수 있다면 어떻겠습니까? 어진 사람이라 할 수 있겠습니까?"

공자께서 말씀하셨다.

"어질 뿐이겠느냐? 반드시 성인의 경지라고 말하겠다. 요임금과 순
임금조차도 그렇게 하지 못함을 걱정했다. 본래 인이란 자신이 나서
고 싶은 자리에 다른 사람부터 나서게 하고, 자신의 뜻을 이루고 싶
을 때에는 다른 사람의 뜻부터 이루게 해준다. 자신이 원하는 것을
미루어 남이 원하는 것을 이해하는 것이 바로 인의 경지에 이르는 방
법이라고 할 수 있다."

제7장

술이 述而

이 편에는 공자의 생각과 말과 행동을 기록한 글이 많으며
현인賢人·군자君子·인자仁者의 덕행을 논술했다.
성인들의 겸손한 태도, 올바른 몸가짐과 행적들에 대한 글이 많이 수록되어 있다.

고전을 그대로 이어라

子曰 述而不作하며 信而好古를 竊比於我老彭하노라
자 왈 술 이 부 작   신 이 호 고   절 비 어 아 노 팽

공자께서 말씀하셨다.

"나는 옛 성현의 가르침을 이어받되, 나 자신의 새로운 생각이나 창작을 하지 않으며, 옛 것을 믿으며 좋아하고 있다. 그런 점에서 나는 나 자신을 은근히 노팽에게 비교해 본다."

해설

전통을 중시하는 공자의 정신을 보여주는 말이다. 전통은 고전을 통해서 이어지므로 공자는 고전을 중히 여겼다. 공자는 전술하되 창작하지 않았고, 고전의 올바른 이해와 응용을 위해 온 힘을 기울였다. 노팽은 상나라의 현명한 대부라고 하는데, 아마도 옛것을 믿고 진술한 사람인 듯하다.

묵묵히 할 일을 하라

子曰 默而識之하며 學而不厭하며 誨人不倦이 何有於我哉오
자 왈 묵 이 지 지   학 이 불 염   회 인 불 권   하 유 어 아 재

공자께서 말씀하셨다.

"묵묵히 마음속으로 깊이 깨닫고, 배움에 싫증을 내지 않으며, 남을 가
르치기를 게을리 하지 않는 것. 나에게는 무엇이 갖추어져 있는가?"

공자의 걱정

子曰 德之不修와 學之不講과 聞義不能徙하며
자 왈 덕 지 불 수   학 지 불 강   문 의 불 능 사

不善不能改이 是吾憂也니라
불 선 불 능 개   시 오 우 야

공자께서 말씀하셨다.

"인격을 수양하지 못함과, 학문을 익히지 못함과, 옳은 일을 듣고 실
천에 옮기지 못함과, 잘못을 고치지 못함이 곧 나의 걱정거리다."

가르침도 배우고자 할 때 유용하다

子曰 不憤이어든 不啓하며 不悱어든 不發하되
자 왈 불 분   불 계   불 비   불 발

擧一隅에 不以三隅反이어든 則不復也니라
거 일 우   불 이 삼 우 반   즉 불 부 야

공자께서 말씀하셨다.

"배우려는 열의가 없으면 이끌어주지 않고, 표현하려고 애쓰지 않으
면 일깨워주지 않으며, 한 방면을 가르쳐주었을 때 나머지 세 방면을
미루어 알지 못하면 반복해서 가르쳐 주지 않는다."

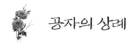

공자의 상례

子食於有喪者之側에 未嘗飽也러시 子於是日哭에 則不歌러시다
자식어유상자지측 미상포야 자어시일곡 즉불가

공자께서는 상을 당한 사람 곁에서 식사를 하실 때, 배부르게 드신
적이 없으셨고 곡을 하신 날에는 노래를 부르지 않으셨다.

올바르지 못한 부는 버려라

子曰 富而可求也이면 雖執鞭之士라도 吾亦爲之어니와
자왈 부이가구야 수집편지사 오역위지

如不可求인대는 從吾所好하리라
여불가구 종오소호

공자께서 말씀하셨다.

"만약 부를 추구할 만한 좋은 세상이라면 채찍을 드는 천한 일이라도
나는 하겠다. 그러나 부를 추구해서 안 되는 세상이라면 나는 내가
좋아하는 바 도를 따르겠다."

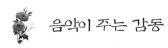

음악이 주는 감동

子在齊聞韶하시고 三月不知肉味하사
자 재 제 문 소   삼 월 부 지 육 미

曰 不圖爲樂之至於斯也하라
왈 부 도 위 악 지 지 어 사 야

공자께서 제나라에 계실 때 소韶라는 음악을 들으신 후, 석 달 동안
고기 맛을 잊으시고는 이렇게 말씀하셨다.
"음악이 이런 경지에 이를 수 있으리라고는 미처 생각지 못했구나!"

해설

여러 방면에 폭넓은 관심을 지닌 공자는 음악에도 일가견이 있었다. 제나라에서 순
임금의 소악에 접하게 되었을 때 석 달 동안을 음식 맛을 잊을 정도로 이에 도취되
었던 것이다. 공자는 이 음악을 진선진미盡善盡美한 것으로 격찬하였다.

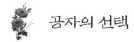 공자의 선택

子謂顏淵曰 用之則行하고 舍之則藏은 惟我與爾有是夫인저
자 위 안 연 왈   용 지 즉 행   사 지 즉 장   유 아 여 이 유 시 부

子路曰 子行三軍이 則誰與시리이까
자 로 왈   자 행 삼 군   즉 수 여

子曰 暴虎馮河하여 死而無悔者를 吾不與也니
자 왈   포 호 빙 하   사 이 무 회 자   오 불 여 야

必也臨事而懼하며 好謀而成者也니라
필 야 임 사 이 구   호 모 이 성 자 야

공자께서 안연에게 말씀하셨다.

"관직에 등용되면 도를 행하고, 버림받으면 도를 간직한 채 은둔하는 태도는 오직 나와 너만이 갖고 있을 것이다!"

자로가 말하였다.

"선생님께서 삼군을 통솔하신다면 누구와 함께 하시겠습니까?"

공자께서 말씀하셨다.

"맨손으로 호랑이를 잡고 맨몸으로 황하를 건너가다가 죽는 일이 있어도 후회하지 않는 그런 사람과는 함께 하지 않을 것이다. 반드시 일을 하는 데 있어서 두려운 생각을 갖고, 신중하고 차분하게 잘 계획하여 일을 성취하려는 사려 깊은 사람과 함께 할 것이다."

진정한 즐거움

子曰 飯疏食飲水하고 曲肱而枕之라도 樂亦在其中矣니
자왈 반소사음수   곡굉이침지   낙역재기중의

不義而富且貴는 於我如浮雲이니라
불의이부차귀   어아여부운

공자께서 말씀하셨다.
"거친 밥을 먹고 물을 마신 뒤에 팔을 베개 삼아 잠을 자도 즐거움이
그 안에 있다. 도리에 어긋나는 짓으로 부귀를 누리는 것은 나에게는
뜬구름과 같은 일이다."

배움의 즐거움

子曰 加我數年하여 五十以學易이면 可以無大過矣리라
자왈 가아수년   오십이학역   가이무대과의

공자께서 말씀하셨다.
"앞으로 나에게 몇 년의 시간이 더 주어져 쉰 살에 역학을 배운다면
큰 허물 없이 생을 마치게 될 것이다."

인의가 없는 임금 아래서는 일하지 않는다

冉有曰 夫子爲衛君乎아
염유 왈 부자 위 위 군 호

子貢 曰 諾다 吾將問之하리라
자공 왈 낙 오 장 문 지

入曰 伯夷叔齊는 何人也이까
입 왈 백 이 숙 제 하 인 야

曰 古之賢人也니라
왈 고 지 현 인 야

曰 怨乎이까
왈 원 호

曰 求仁而得仁이어니 又何怨이리오
왈 구 인 이 득 인   우 하 원

出曰 夫子不爲也시리라
출 왈 부 자 불 위 야

염유가 자공에게 물었다.

"선생님께서 위나라 임금을 위해 일하실까?"

자공이 말했다.

"내가 여쭈어 보지."

자공이 안에 들어가 공자께 물었다.

"백이와 숙제는 어떤 사람입니까?"

"옛날의 현인이었다."

"그들은 원망을 했습니까?"

"인을 추구하여 인을 얻었으니, 또 무엇을 원망했겠느냐?"

자공이 나와서 말하였다.

"선생님께서는 위나라 임금을 위해 일할 생각이 없으시다."

해설

당시 위나라의 정세는 무능한 영공과 품행이 좋지 못한 부인 남자로 인해 혼란 상태
에 빠져 있었다. 영공의 태자 괴외蒯聵가 생모인 남자를 살해하려다 뜻을 이루지 못
하고 송나라로 망명하였다. 몇 년 후 영공이 세상을 떠나자 괴외의 아들 첩輒이 보위
에 올랐다. 이 사람이 위나라의 출공出空이다. 그러나 출공의 아버지인 괴외는 보위
에 오르기 위해 진나라의 도움을 얻어 위나라에 쳐들어왔다. 이리하여 괴외와 출공
부자의 내란이 16년 동안 일어나게 된 것이다.

염유와 자공은 이런 와중에 스승 공자의 거취가 궁금하였다. 백이와 숙제에 대한 공
자의 대답을 듣자, 자공은 인간성을 저버리는 자들을 위해 스승이 협력하지 않을 것
을 알게 된 것이다.

학문을 대하는 공자의 태도

葉公問孔子於子路어늘 子路不對한대
섭 공 문 공 자 어 자 로   자 로 부 대

子曰 女奚不曰 其爲人也發憤忘食하며
자 왈 여 해 불 왈 기 위 인 야 발 분 망 식

樂以忘憂하여 不知老之將至云爾오
락 이 망 우   부 지 노 지 장 지 운 이

섭공이 자로에게 공자에 대해 물었는데, 자로가 대답하지 않았다. 이 말을 듣고 공자께서 말씀하셨다.
"너는 왜 '그분은 뭔가 의욕적인 일이 생기면 먹는 것도 잊고, 도를 즐기느라 근심을 잊어 늙는 것조차 알지 못한다'라고 말하지 않았느냐?"

해설

공자는 자로가 섭공의 질문에 대답하지 못했다고 하자, 평소 자신의 모습을 들려줌으로써 제자들도 자신처럼 살아가도록 권장했다. 공자는 자신을 항상 도를 추구하여 공부에 전념하면 먹는 것도 잊었고, 모든 걱정거리를 잊고, 세월을 잊었으며 끊임없이 노력하는 사람이라고 소개하였다.

날 때부터 아는 사람은 없다

子曰 我非生而知之者라 好古하여 敏以求之者也로라
자왈 아비 생이지지자　호고　　민이구지자야

공자께서 말씀하셨다.
"나는 태어나면서부터 세상의 도리를 알았던 것이 아니라, 옛것을 좋
아하여 부지런히 그것을 추구한 사람이다."

도처에 스승이 있다

子曰 三人行에 必有我師焉이니
자왈 삼인행　필유아사언

擇其善者而從之요 其不善者而改之니라
택기선자이종지　기불선자이개지

공자께서 말씀하셨다.
"세 사람이 함께 길을 가면 그중에 반드시 나의 스승이 있다. 그 가운
데 나보다 나은 사람의 좋은 점을 따르고, 나보다 못한 사람의 좋지
않은 점을 보고 거울삼아 고치도록 한다."

천명

子曰 天生德於予시니 桓魋其如予何리오
자 왈 천 생 덕 어 여   환 퇴 기 여 여 하

공자께서 말씀하셨다.

"하늘이 나에게 덕을 주셨는데 감히 환퇴가 나를 해칠 수 있겠는가?"

해설

환퇴는 송나라의 군정을 맡은 사마司馬라는 관직에 있던 상퇴向魋를 가리킨다. 송나라 환공의 후예였기 때문에 환퇴라고 불렀다. 그는 공자가 제자들과 함께 송나라의 큰 나무 아래에서 예를 강론하고 있을 때 나무를 쓰러뜨려 공자를 죽이려고 했다. 빨리 피하기를 권하는 제자들의 말에 공자가 이렇게 대답한 것이다.

공자는 송나라에 있을 때 환퇴가 석곽을 만드는 데 3년이 지나도록 완성되지 않는 것을 보고 낭비가 심하다고 비판한 적이 있다.

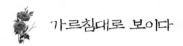 가르침대로 보이다

子曰 二三子는 以我爲隱乎아 吾無隱乎爾로라
자왈 이삼자　이아위은호　오무은호이

吾無行而不與二三子者니 是丘也니라
오무 행 이 불 여 이 삼 자 자　시 구 야

공자께서 말씀하셨다.

"너희들은 내가 숨기는 게 있다고 생각하느냐? 나는 아무것도 숨기
는 게 없다. 내가 행하는 일치고 너희들에게 보여주지 않는 것이 없
으니, 이것이 곧 나인 것이다."

해설

공자의 경지가 너무 높아서 무언가 자신들에게 말해주지 않은 이치가 있다고 제자
들이 생각했을 때, 공자가 위와 같이 말한 것이다. 공자는 아는 것은 솔직하게 말하
고 모르는 것은 함께 토론하여 알게 하며 어느 것도 숨김이 없었다.

한결같은 이를 찾기 어렵다

子曰 聖人을 吾不得而見之矣어든 得見君子者면 斯可矣니라
자왈 성인   오부득이견지의   득견군자자   사가의

子曰 善人을 吾不得而見之矣어든 得見有恒者면 斯可矣니라
자왈 선인   오부득이견지의   득견유항자   사가의

亡而爲有하며 虛而爲盈하며 約而爲泰면 難乎有恒矣니라
무이위유   허이위영   약이위태   난호유항의

공자께서 말씀하셨다.

"성인을 만나볼 수 없다면 군자라도 만나볼 수 있으면 좋겠구나."

공자께서 말씀하셨다.

"선한 사람을 만나볼 수 없다면 한결같은 사람이라도 만나볼 수 있으
면 좋겠구나. 없으면서도 있는 체하고 텅 비었으면서도 가득 찬 체하
며, 곤궁하면서도 풍족한 체하니 한결같은 마음을 지니기란 어려운
것이다."

둥우리에 있는 새는 쏘지 않는다

子釣而不綱하시며 弋不射宿이러시다
자 조 이 불 강   익 불 석 숙

공자께서는 낚시질은 하였으나 그물을 쓰지는 않으셨고, 활을 쏘아
새는 잡되 둥우리에 깃든 새는 쏘지 않으셨다.

해설

공자는 젊고 빈천했던 시절, 제사와 손님 접대를 위해 물고기를 잡고 새 사냥을 한
적이 있었다. 그러나 한꺼번에 많은 양을 잡지는 않았다. 물고기는 낚시로 소량을 잡
고, 새를 잡는 경우에도 잠자는 새는 쏘지 않았다. 이와 같이 군자는 부득이 사냥을
하더라도 최소한의 살생으로 그치는 것이다.

많이 듣고 택하여 새겨라

子曰 蓋有不知而作之者아 我無是也로라
자 왈 개 유 부 지 이 작 지 자   아 무 시 야

多聞하여 擇其善者而從之하며 多見而識之知之次也니라
다 문   택 기 선 자 이 종 지   다 견 이 지 지 지 지 차 야

공자께서 말씀하셨다.

"잘 알지도 못하면서 새로운 이론을 지어내는 사람이 있는 모양인데 나는 그렇게 하지 않는다. 많이 듣고 그 가운데 좋은 것을 택하여 따르며, 많이 보고 그 가운데 옳은 것을 마음에 새겨 둔다. 이것은 나면서부터 아는 것에 버금가는 일이다."

해설

이 문장은 멋대로 창작하지 않는다는 공자의 신조이다. 다시 말해 지식에 기초하지 않은 독창적인 견해는 자신의 방법과는 다르다는 것을 강조하고 있다. 즉 자신은 다양한 의견을 경청한 다음에 이해가 되는 부분을 채택하고 견문을 넓히면서 지식 축적에 노력한다는 것이다. 이것은 공자가 실증주의적인 인물이라는 것을 증명하고 있다.

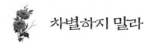 ## 차별하지 말라

互鄉은 難與言이러니 童子見커늘 門人이 惑한대
호 향   난 여 언   동 자 현   문 인   혹

子曰 與其進也요 不與其退也니 唯何甚이리오
자 왈 여 기 진 야   불 여 기 퇴 야   유 하 심

人潔己以進이어든 與其潔也요 不保其往也니라
인 결 기 이 진   여 기 결 야   불 보 기 왕 야

호향 사람은 더불어 이야기하기 어려운 사람들이었는데 그곳의 아이
가 공자를 찾아뵙자, 제자들이 의아하게 생각하였다. 이에 공자께서
말씀하셨다.

"바른 길로 나아가는 자는 받아들이고 바른 길에서 물러나는 자는 받
아들이지 않는 법인데, 배우겠다고 찾아온 사람을 어찌 모질게 대하
겠느냐? 사람이 자신의 몸과 마음을 깨끗이 하고 바른 길로 나아가려
하면 그 깨끗함을 받아들이고 지난 일에는 연연하지 않아야 한다."

인은 자기 안에 있다

子曰 仁遠乎哉아 我欲仁이면 斯仁至矣니라
자 왈 인 원 호 재　아 욕 인　　사 인 지 의

공자께서 말씀하셨다.

"인이 멀리 있겠는가? 내가 인을 실천하고자 하면 인은 나를 따르는 것이다."

해설

인은 곧 인간애를 뜻하는 말이다. 그것은 성인聖人이나 군자들만이 갖춘 것이 아니라, 보통 사람들의 마음속에도 깃들어 있는 것이다. 그러므로 누구나 인을 실천하길 원한다면 곧 인자가 될 수 있다. 이렇게 공자는 인간의 도덕적 능력을 긍정적으로 보고 있다.

음악을 즐긴 공자

子與人歌而善이어든 必使反之하시고 而後和之러시다
자 여 인 가 이 선   필 사 반 지   이 후 화 지

공자는 사람들과 같이 노래를 부를 때, 누군가 잘 부르면 반드시 다
시 부르게 하고, 그 다음에 함께 맞추어 노래를 불렀다.

해설

음악을 좋아했던 공자는 자신보다 잘하는 사람이 있을 경우에는 몇 번 반복해서라
도 배우려고 노력했다.

 도를 실천함에는 끝이 없다

子曰 文莫吾猶人也아 躬行君子는 則吾未之有得하라
자 왈 문 막 오 유 인 야   궁 행 군 자   즉 오 미 지 유 득

공자께서 말씀하셨다.
"학문에 대해서라면 내가 남에게 뒤지겠는가? 그러나 군자의 도를
실천함에는 나는 아직 그런 경지에 이르지 못하고 있다."

스승을 넘지 못하는 제자들

子曰 若聖與仁은 則吾豈敢이리오
자왈 약성여인 즉오기감

抑爲之不厭하며 誨人不倦은 則可謂云爾已矣니라
억위지불염 회인불권 즉가위운이이의

公西華曰 正唯弟子不能學也로소이다
공서화왈 정유제자불능학야

공자께서 말씀하셨다.

"성인聖人과 인인仁人이야 내 어찌 될 수 있겠느냐? 다만 성인과 인인의 도리를 배우고 본받는 데 싫증내지 않고, 이를 다른 사람에게 가르치는 데 게을리하지 않는다고는 말할 수 있다."

공서화가 말하였다.

"바로 그 점을 저희 제자들은 따르지 못하고 있습니다."

교만하지 말라

子曰 奢則不孫하고 儉則固니 與其不孫也론 寧固니라
자왈 사즉불손   검즉고   여기불손야   영고

공자께서 말씀하셨다.
"사치스러우면 공손함을 잃게 되고 검소하면 고루하게 되지만, 공손
함을 잃기보다는 차라리 고루한 편이 더 낫다."

 공자의 성품

子는 溫而厲하시며 威而不猛하시며 恭而安이러시다
자   온이려   위이불맹   공이안

공자께서는 온화하면서도 엄숙하시고. 위엄이 있으면서도 사납지 않
으시며, 공손하시면서도 대하기에 편안하셨다.

군자와 소인의 차이

子曰 君子는 坦蕩蕩이요 小人은 長戚戚이니라
자 왈 군 자   탄 탕 탕   소 인   장 척 척

공자께서 말씀하셨다.

"군자는 마음이 평온하고 너그럽지만, 소인은 항상 겁내고 두려워한다."

해설

군자는 진리를 탐구하고 인애의 정신을 펼치고자 하는 사람이다. 정신적으로 수양이 되어 있고 부귀영화에 연연하지 않는 군자는 마음이 늘 편안하고 너그럽다. 이에 반하여 소인은 부조리한 방법으로 재물과 이권을 차지하기 위해 급급해한다. 정신적으로 수양이 안 된 소인은 늘 근심과 두려움에 싸여 있다. 이렇게 수양 여부에 따라 사람의 마음은 크게 달라지는 것이다.

제8장

태백 泰伯

공자의 제자 중 증자에 대한 이야기가 많이 나오는 것으로 보아
공자의 제자 가운데 증자의 지위가 가장 높았고,
증자 계열의 후대 제자들이
자신들의 직계 스승인 증자의 언행을 담아 발췌했다고 짐작된다.

태백의 높은 덕

子曰 泰伯은 其可謂至德也已矣로다
자 왈 태 백 기 가 위 지 덕 야 이 의

三以天下讓하되 民無得而稱焉이로다
삼 이 천 하 양 민 무 득 이 칭 언

공자께서 말씀하셨다.

"태백은 지극히 덕이 높은 분이라 하겠다. 세 차례나 천하의 임금 자리를 양보했으면서도 은밀히 했으므로 백성들이 그의 미덕을 칭송조차 하지 못했다."

해설

주나라 태왕에게는 세 아들이 있었는데, 첫째아들이 태백泰伯, 둘째아들이 중옹仲雍, 셋째아들이 계력季歷이었다. 그리고 계력의 아들이 창昌으로, 그가 곧 문왕文王이며, 그의 아들 무왕 대에 주나라는 천하를 평정하여 다스리게 되었다.

태왕은 셋째아들인 계력의 아들 창이 뛰어난 인물임을 알고, 계력에게 왕위를 물려주어 그의 아들이 왕이 되기를 바랐다. 부왕의 뜻을 알게 된 태백은 동생 중옹을 설득하여 그와 함께 주나라를 떠나 변방에 은둔했다. 그가 세 번 왕위를 사양했다는 것은, 태왕이 죽자 태백은 큰아들임에도 불구하고 가지 않음으로써 계력이 상주가 되게 한 것이 첫 번째요, 그 뒤 계력이 형 태백을 불렀으나 가지 않은 것이 두 번째요, 상이 끝난 이후 야인으로 살아간 것이 세 번째라는 것이다.

백성들이 그의 덕을 칭송하지 않았다는 것은 태백이 모든 행동을 백성들이 눈치 채지 못하도록 은밀하게 실천함으로써 백성들이 그를 칭송할 기회조차 주지 않았다는 것이다. 공자는 나라의 평화를 위해 제왕의 자리를 동생에게 양보했고, 모든 선행을 백성들이 모르게 묵묵히 실천했다는 점에서 태백을 높이 칭찬하였다.

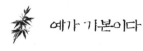 예가 기본이다

子曰 恭而無禮則勞하고 愼而無禮則蒠하고
자 왈 공 이 무 례 즉 로   신 이 무 례 즉 사

勇而無禮則亂하고 直而無禮則絞니라
용 이 무 례 즉 난   직 이 무 례 즉 교

君子篤於親則民興於仁하고 故舊不遺則民不偸니라
군 자 독 어 친 즉 민 흥 어 인   고 구 불 유 즉 민 불 투

공자께서 말씀하셨다.

"공손함도 예가 없으면 수고로움이 되고, 신중함도 예가 없으면 두려
워하는 것이 되며, 용맹함도 예가 없으면 난폭한 것이 되고, 정직함도
예가 없으면 박절한 것이 된다. 군자가 친척들에게 후하게 대하면 백
성들이 인애의 기풍을 일으키게 되고, 옛 친구를 저버리지 않으면 백
성들의 마음도 각박해지지 않는다."

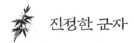
진정한 군자

曾子曰 以能問於不能하며 以多問於寡하며 有若無하며
증자왈 이능문어불능　이다문어과　유약무

實若虛하며 犯而不校를 昔者吾友嘗從事於斯矣러니라
실약허　범이불교　석자오우상종사어사의

증자가 말하였다.

"유능하면서도 능력이 없는 사람에게 묻고, 학식이 많으면서도 학식
이 적은 사람에게 물으며, 있으면서도 없는 듯하고, 꽉 차 있으면서도
텅 빈 듯하며, 남에게 욕을 보아도 잘잘못을 따지지 않으며 다투지
않는다. 옛날에 나의 친구가 이를 실천하며 살았다."

해설

증자가 안회를 두고 한 말이다. 안회는 공자의 사랑을 가장 많이 받았던 제자로 학식
과 덕망이 뛰어났으나 일찍 세상을 떠났다. 안회는 능력과 지식을 지녔다고 해서 자
만하지 않고, 자기보다 능력과 지식이 모자란 사람에게 물어 배우고자 했고, 여유롭
다 하여 결코 자만하지 않고, 남이 잘못을 범해도 앙갚음하려 하지 않았다는 것이다.

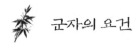 군자의 요건

曾子曰 可以託六尺之孤하며 可以寄百里之命이오
증자왈 가이탁육척지고   가이기백리지명

臨大節而不可奪也면 君子人與아 君子人也니라
임대절이불가탈야   군자인여   군자인야

증자가 말하였다.

"어린 임금의 보필을 부탁할 수 있고, 백 리 되는 나라의 사직을 맡길
수 있으며, 존망이 달린 위급한 때에도 절개를 굽히지 않는다면 군자
다운 사람일까? 아무렴, 군자다운 사람이다."

해설

어린 임금은 학문과 덕행이 미숙하고 사리판단을 제대로 하지 못하기 때문에 반드
시 누군가의 도움이 필요하다. 역사상 어린 임금을 보필하는 자에 따라 나라의 흥망
성쇠가 바뀐 일이 많았다. 어린 왕을 옆에 끼고 자신의 사리사욕을 채우는 정치를 일
삼은 일이 많았기 때문이다. 그래서 증자는 군자다운 사람의 요건에 어린 임금의 보
필을 제시하였다.

선비는 도량이 넓고 굳세어야 한다

曾子曰 士不可以不弘毅니 任重而道遠이니라
증자왈 사불가이불홍의   임중이도원

仁以爲己任이니 不亦重乎아
인이위기임   불역중호

死而後已니 不亦遠乎아
사이후이   불역원호

증자가 말하였다.

"선비는 반드시 도량이 넓고 굳세어야 하니 임무는 막중하고 갈 길이 멀기 때문이다. 인의 실현을 자신의 임무로 삼으니 또한 책임이 무겁지 않겠는가? 죽은 뒤에야 끝나는 것이니 그 길이 역시 멀지 않겠는가?"

시와 예와 음악으로 완성되는 인격

子曰 興於詩하며 立於禮하며 成於樂이니라
자왈 흥 어 시   입 어 예   성 어 악

공자께서 말씀하셨다.

"시로써 감흥을 불러일으키고, 예로써 행동거지를 바르게 세우고, 음
악으로써 인격을 완성시킨다."

해설

공자의 수양과 학문의 세 가지 단계를 설명한 말이다. 즉 시에서 시작하고, 예로 서
고, 음악으로 완성된다는 단계를 설명한 것이다.

시를 읽으면 감성의 눈을 뜨게 되고, 예를 몸에 지니고 행해야 사람답게 서고 다른 사람과
의 관계도 바로 서며, 아름다운 소리를 제대로 들을 줄 알아야 성품이 완성되고 하나의 인
격체로 자리잡는 것이다.

그러므로 공자는 사람이 되려면 반드시 시를 알고, 예의를 알며, 음악을 들을 줄 알
아야 한다고 강조한 것이다.

백성을 다스리는 법

子曰 民은 可使由之요 不可使知之니라
자 왈 민   가 사 유 지   불 가 사 지 지

공자께서 말씀하셨다.

"백성들이란 도리를 따르게 할 수는 있지만, 그 깊은 이치를 다 알게
할 수는 없다."

해설

당시 일반 백성들은 무지하고 몽매했다. 그래서 학문과 예법과 정책의 원리를 알게 하는
것은 불가능했다. 따라서 위정자爲政者가 정당한 방법을 제시하여 백성으로 하여금 이
를 따르게 해야 한다는 말이다.

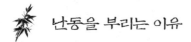 난동을 부리는 이유

子曰 好勇疾貧이 亂也요 人而不仁을 疾之已甚이 亂也니라
자 왈 호 용 질 빈   난 야   인 이 불 인   질 지 이 심   난 야

공자께서 말씀하셨다.

"용맹스러운 것을 좋아하면서 가난을 싫어하면 난동을 일으키게 된
다. 사람이 어질지 못한 것을 지나치게 미워해도 난동이 일어나게
된다."

해설

용맹함을 좋아하되 가난함을 싫어하는 것은 자신의 분수를 모르는 것이요, 사람이
어질지 못하다 하여 너무 미워하는 것은 도가 지나친 것이다. 비록 미덕을 지녔다고
해도 자신의 분수를 모르거나 도가 지나치면 난을 일으키게 된다는 것이다.

재능보다는 인격이다

子曰 如有周公之才之美라도 使驕且吝이면 其餘不足觀也已니라
자 왈 여 유 주 공 지 재 지 미   사 교 차 린   기 여 부 족 관 야 이

공자께서 말씀하셨다.
"만약 주공처럼 훌륭한 재능을 지니고 있다 하더라도 교만하거나 인
색하다면 그 나머지는 볼 것도 없다."

 ## 주제넘게 참견하지 말라

子曰 不在其位하여는 不謀其政이니라
자 왈 부 재 기 위   불 모 기 정

공자께서 말씀하셨다.
"그 지위에 있지 않으면 그 정사를 논하지 마라."

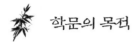 학문의 목적

子曰 三年學에 不至於穀을 不易得也니라
자 왈 삼 년 학   부 지 어 곡   불 이 득 야

공자께서 말씀하셨다.

"삼 년을 공부하고도 벼슬에 뜻을 두지 않음은 쉬운 일이 아니다."

해설

대부분의 사람들은 벼슬자리에 오르기 위해 학문을 한다. 그래서 3년 동안 학문을
하고도 벼슬에 나아가지 않았다면 큰 인물이거나 진정 학문을 좋아하는 학자라는
뜻이다. 벼슬에 뜻을 두지 않고 오로지 학문을 위하는 사람이 적음을 안타까워한다
는 뜻으로도 풀이할 수 있다.

정도가 아니면 나가지 말라

子曰 篤信好學하며 守死善道니라
자왈 독신호학   수사선도

危邦不入하고 亂邦不居하며 天下有道則見하고 無道則隱이니라
위방불입   난방불거   천하유도즉현   무도즉은

邦有道에 貧且賤焉이 恥也며 邦無道에 富且貴焉이 恥也니라
방유도   빈차천언   치야   방무도   부차귀언   치야

공자께서 말씀하셨다.

"굳게 믿고 배우기를 좋아하며, 죽음으로써 도를 지키고 높여야 한다. 위태로운 나라에는 들어가지 말고, 어지러운 나라에는 살지 마라. 천하에 도가 행해지면 모습을 드러내고 도가 행해지지 않으면 조용히 숨어 살아라. 나라에 도가 행해지는데 가난하고 천하게 산다면 부끄러운 일이며, 나라에 도가 행해지지 않는데 부귀를 누린다면 이 또한 부끄러운 일이다."

구제할 수 없는 사람

子曰 狂而不直하며 侗而不愿하며 悾悾而不信을 吾不知之矣로라
자왈 광이부직　　통이불원　　공공이불신　　오부지지의

공자께서 말씀하셨다.

"뜻은 크면서 마음이 곧지 못하고, 아는 것도 없으면서 착실하지 않
으며, 무능하면서도 신의마저 없는 사람을 나로서는 어찌해야 좋을
지 모르겠다."

 ## 학문에 임하는 자세

子曰 學如不及이오 猶恐失之니라
자왈 학여불급　　유공실지

공자께서 말씀하셨다.

"학문은 따라가지 못할 듯이 서둘러 배우고, 배운 것을 잃어버릴까
두려워해야 한다."

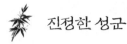

진정한 성군

子曰 巍巍乎舜禹之有天下也而不與焉이여
자 왈 외 외 호 순 우 지 유 천 하 야 이 불 여 언

공자께서 말씀하셨다.

"참으로 높고 위대하도다! 순임금과 우임금께서는 천하를 지니고 다
스리면서도 그것에 연연하지 않았다."

해설

순임금과 우임금은 훌륭한 정치를 행하여 후세의 모범을 보인 선왕들이다. 순임금과
우임금은 천하를 소유하고 다스렸으나 권력을 누리거나 쾌락에 빠지지 않았고 훌륭
한 신하를 등용하여 오직 백성들을 위한 정치를 베풀었기 때문에 공자가 높이 평가
한 것이다.

우임금의 덕치

子曰 禹는 吾無間然矣로다 非飮食而致孝乎鬼神하시며
자 왈 우 오 무 간 연 의   비 음 식 이 치 효 호 귀 신

惡衣服而致美乎黻冕하시며 卑宮室而盡力乎溝洫하시니
악 의 복 이 치 미 호 불 면   비 궁 실 이 진 력 호 구 혁

禹는 吾無間然矣로다
우 오 무 간 연 의

공자께서 말씀하셨다.

"우임금에 대해서는 내가 흠잡을 것이 없다. 자신의 음식은 형편없으면서도 조상에게 제사를 지낼 때에는 정성껏 모셨다. 자신의 의복은 검소하게 입으면서도 제사 때의 예복은 정성을 다해 아름답게 꾸몄다. 자기가 사는 궁궐은 허름하게 하면서도 농사에 필요한 물길을 파는 데는 온 힘을 다했다. 우임금에 대해서는 내가 흠잡을 것이 없다."

해설

우임금은 하나라를 세웠다. '요순시대'의 태평성대를 이룬 순임금의 어진 신하 5명(우, 직, 설, 고요, 백익) 중 한 사람으로 덕행이 뛰어나고 황하의 범람을 막는 치수를 잘한 공으로 후계자가 되어 왕위를 물려받아 하나라를 세운 것이다.

즉위한 다음 우임금은 잠시 동안 무기 생산을 멈추기도 하고 백성들을 위하여 궁전 증축을 미루었다. 여러 세금을 면제해 주고, 지방에 도시를 만들었고 번잡한 제도를 폐지해 행정을 간소화했다. 우임금은 검약 정책을 취했고 스스로 솔선수범하였다.

제9장

자한 子罕

주로 공자의 덕행을 기록한 글이 많다.
공자는 타락한 세상에서 세속적인 이득을 얻고
부귀영화를 누리는 것을 옳지 않게 여겼다.

子罕

세속적 이익을 논하지 않다

子罕言利與命與仁이러시다
자 한 언 이 여 명 여 인

공자께서는 세속적인 이득을 천명이나 인덕과 관련지어 말하지 않으
셨다.

해설

공자는 도덕적으로 타락한 세상에서 세속적인 이득을 얻고 부귀영화를 누리는 것을
'하늘이 복을 내렸다. 혹은 인덕이 있어서 그렇다'는 식으로 말하지 않았다는 뜻이
다. 악덕한 세상에서 잘사는 것은 악덕하기 때문이다.

 ## 굳은 심지가 있는 사람은 흔들리지 않는다

子曰 知者不惑하고 仁者不憂하고 勇者不懼니라
자 왈 지 자 불 혹   인 자 불 우   용 자 불 구

공자께서 말씀하셨다.
"지혜로운 사람은 미혹되는 일이 없고, 어진 사람은 근심하지 않고,
용기 있는 사람은 두려워하지 않는다."

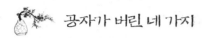 공자가 버린 네 가지

子絶四러시니 毋意하고 毋必하고 毋固하고 毋我러시다
자 절 사   무 의   무 필   무 고   무 아

공자께서는 네 가지를 전혀 취하지 않으셨는데 사사로운 뜻을 갖는
일이 없었고, 반드시 해야 한다는 일이 없었으며, 고집하는 일이 없
고, 자신만을 내세우는 일이 없었다.

 관직에 등용되지 않아 익힌 재주

牢曰 子云吾不試故로 藝라 하시니라
뢰 왈 자 운 오 불 시 고   예

자장이 말하였다.

"공자께서 말씀하시기를, '나는 관직에 등용되지 않았기 때문에 여러
가지 재주를 익히게 되었다'라고 하셨다."

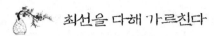 **최선을 다해 가르친다**

子曰 吾有知乎哉아 無知也로다
자왈 오유지호재 무지야

有鄙夫問於我하되 空空如也라도 我叩其兩端而竭焉하노라
유비부문어아   공공여야   아고기양단이갈언

공자께서 말씀하셨다.
"내가 아는 것이 있겠는가? 아는 게 별로 없다. 그러나 비천하고 무
지한 사람이 나에게 물어오면, 나는 내가 아는 것을 모두 알려주고자
한다."

상대를 살펴 예를 표한다

子見齊衰者와 冕衣裳者와 與瞽者를 見之에
자견자최자　면의상자　여고자　견지

雖少必作하시며 過之必趨러시다
수소필작　　　과지필추

공자께서는 상복을 입은 사람이나 예복을 갖춰 입은 사람, 그리고 장
님을 만나면 그들이 비록 나이가 적을지라도 반드시 일어나 예를 차
리고, 또 그 앞을 지나갈 때는 종종걸음으로 빨리 지나가셨다.

해설

공자는 상복 입은 사람에게는 진심으로 애도하는 의미에서, 공직에 종사하는 사람에
게는 백성을 위해 고생하는 것에 경의를 표하는 의미에서, 소경에게는 불우한 처지
를 몹시 안타까워하는 의미에서 나이가 적어도 예를 표했다.

군자가 사는 곳은 누추하지 않다

子欲居九夷러시니 或曰 陋커늘 如之何이이까
자욕거구이　　　혹왈 누　　여지하

子曰 君子居之하니 何陋之有리오
자왈 군자거지　　하루지유

공자께서 구이九夷의 땅에 가서 살고자 했다. 이에 어떤 사람이 말했다.

"거기는 누추할 텐데 어찌 지내시려 하십니까?"

공자께서 말씀하셨다.

"군자들이 그곳에 살았으니 어찌 누추함이 있었겠는가?"

해설

어느 때, 공자는 난세를 비관해서 "오랑캐 나라에라도 이주해 볼까?"하고 말한 적이 있었다. 그러자 어떤 사람이 "오랑캐 땅은 더러워서 살 수가 없습니다"라고 했다. 여기에 대한 공자의 대답이다. 어떤 땅이 더러운가, 아닌가 평하는 것은 그곳에 사는 사람에 따라 결정된다. 아무리 좋은 땅이라도 사는 사람의 마음이 나쁘면 누추하게 된다. 땅보다도 사는 사람의 마음이 문제라는 의미이다.

 도리를 지켜라

子曰 出則事公卿하고 入則事父兄하며
자 왈 출 즉 사 공 경   입 즉 사 부 형

喪事를 不敢不勉하며 不爲酒困이 何有於我哉오
상 사   불 감 불 면   불 위 주 곤   하 유 어 아 재

공자께서 말씀하셨다.

"벼슬을 하면 제후나 대부를 섬기고, 집에 돌아오면 부모형제를 섬긴
다. 상을 당했을 때는 정성으로 치러야 하며, 술을 마시되 도를 넘지
아니하는 것이 어찌 나에게 쉬운 일이랴."

해설

공자의 겸손함이 드러난 말이다. 자신이 중요시한 덕목들에 대하여 스스로 그 요구
수준에 미치지 못한다는 자성을 담고 있다.

세월의 흐름

子在川上曰 逝者如斯夫인저 不舍晝夜로다
자 재 천 상 왈 서 자 여 사 부   불 사 주 야

공자께서 냇가에서 말씀하셨다.
"세월이 흘러가는 것이 이와 같구나. 밤낮으로 쉬지 않고 흐르는구나!"

덕을 좋아하는 사람은 드물다

子曰 吾未見好德을 如好色者也라
자 왈 오 미 견 호 덕   여 호 색 자 야

공자께서 말씀하셨다.
"나는 아직 덕을 좋아하기를 여자 좋아하듯이 하는 사람을 보지 못
했다."

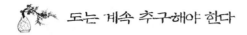

도는 계속 추구해야 한다

子曰 譬如爲山에 未成一簣하여 止도 吾止也라
자 왈 비 여 위 산　미 성 일 궤　　지　오 지 야

譬如平地에 雖覆一簣나 進도 吾往也니라
비 여 평 지　수 복 일 궤　진　오 왕 야

공자께서 말씀하셨다.

"학문을 비유컨대, 산을 쌓아 올림과 같다. 흙 한 삼태기가 모자라는
상황에서 중지했다면 그것은 내가 중지한 것이다. 또 비유컨대 땅을
평탄하게 고르는 데 있어 흙 한 삼태기를 덮어도 일이 진전되거늘 그
것도 내가 한 것이다."

해설

줄기찬 노력으로 끝내 일을 완성하는 사람도 있고, 끈기의 부족으로 일이 거의 완성
되어갈 무렵에 도중하차 하는 사람도 있다. 전진하여 일을 완성하든, 중단하여 실패
로 끝나든 그 일에 대한 책임은 본인에게 있다는 것이다.

세상의 법칙

子曰 苗而不秀者有矣夫며 秀而不實者有矣夫인저
자 왈 묘 이 불 수 자 유 의 부   수 이 불 실 자 유 의 부

공자께서 말씀하셨다.

"싹은 돋았어도 꽃을 피우지 못하는 것도 있으며, 꽃은 피었어도 열매를 맺지 못하는 것도 있구나."

해설

같은 씨앗을 뿌려도 어떤 것은 싹을 틔우고 어떤 것은 싹조차 틔우지 못한다. 또 싹이 나와 자란다 하더라도 결실을 맺는 것도 있고, 맺지 못하는 것도 있는 것이다. 이 문장은 제자 안회가 천재로 칭송을 받아오다가 제대로 꽃도 피지 못하고 요절한 삶을 안타깝게 생각해서 한 말이다.

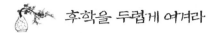 후학을 두렵게 여겨라

子曰 後生可畏니 焉知來者之不如今也리오
자 왈 후 생 가 외   언 지 래 자 지 불 여 금 야

四十五十而無聞焉이면 斯亦不足畏也已니라
사 십 오 십 이 무 문 언   사 역 부 족 외 야 이

공자께서 말씀하셨다.

"후학들은 두려운 것이니 그들이 지금의 우리만 못하리라는 것을 어찌 알겠는가? 사십, 오십이 되어서도 명성이 들리지 않는다면 그 또한 두려워할 것이 못 된다."

해설

공자는 자기의 학문적 성취에 만족하여 권위의식에 빠져 있는 사람은 아니었다. 교육자인 그는 젊은이들의 미래에 기대를 걸고 있었다. 그리고 그들 중에는 선배를 능가하는 실력자도 나올 수 있으리라 믿었다. 그러나 그렇게 되기 위해서는 학문에의 끊임없는 자기 정진이 있어야만 한다. 공자는 후학들에게 노력에 의한 자기 향상을 가르치고 있는 것이다.

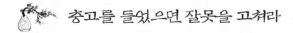
충고를 들었으면 잘못을 고쳐라

子曰 法語之言은 能無從乎아 改之爲貴니라
자왈 법어지언　능무종호　개지위귀

巽與之言은 能無說乎아 繹之爲貴니라
손여지언　능무열호　역지위귀

說而不繹하며 從而不改면 吾末如之何也已矣니라
열이불역　　종이불개　오말여지하야이의

공자께서 말씀하셨다.

"올바른 말로 일러주는 것을 따르지 않을 수 있겠는가? 그러나 그 말에 따라 잘못을 고침이 더 중요하다. 귀에 달게 칭찬하는 말을 기뻐하지 않을 수 있겠는가? 그러나 그 말의 참뜻을 찾아냄이 더 중요하다. 기뻐하면서도 참뜻을 찾아 행하지 않고 따르면서도 잘못을 고치지 않는다면 그런 사람은 나도 어찌할 도리가 없다."

허물을 고치는 데 망설이지 말라

子曰 主忠信하며 毋友不如己者오 過則勿憚改니라
자왈 주충신   무우불여기자   과즉물탄개

공자께서 말씀하셨다.

"충성과 신의를 으뜸으로 삼으며, 자기보다 못한 사람을 벗 삼지 말고, 허물이 있으면 고치기를 주저하지 말아야 한다."

 ## 의지는 꺾을 수 없다

子曰 三軍은 可奪帥也어니와 匹夫는 不可奪志也니라
자왈 삼군   가 탈 수 야   필부   불 가 탈 지 야

공자께서 말씀하셨다.

"삼군의 장수를 빼앗을 수는 있지만, 필부라도 그 뜻을 빼앗을 수는 없다."

해설

인간의 의지에 대한 고귀함을 엿볼 수가 있다. 신분이 비천하거나 천한 직업일지라도 그들 나름대로 분명한 의지가 있는 법이다. 이 문장은 전장에서 삼군을 호령하는 사령관은 붙잡을 수 있지만, 보잘것없는 필부의 마음은 절대로 빼앗을 수 없다는 말이다.

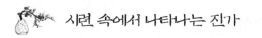

시련 속에서 나타나는 진가

子曰 歲寒然後에 知松栢之後彫也니라
자 왈 세 한 연 후   지 송 백 지 후 조 야

공자께서 말씀하셨다.

"날씨가 추워진 뒤에야 소나무와 잣나무가 다른 나무보다 늦게 시드
는 것을 알 수 있다."

해설

나라가 어지러울 때 애국자가 나타나고. 집안이 어려움에 처해 있을 때 열녀가 나온
다. 평상시엔 누구나 착실한 척할 수는 있다. 그러나 막상 어렵고 힘든 시기에 지조
를 지키면서 헌신할 수 있는 사람은 드물다. 고난과 시련에 이르러서야 사람의 진가
가 드러난다는 것을 말한 것이다.

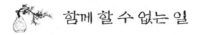

함께 할 수 없는 일

子曰 可與共學이라도 未可與適道며
자왈 가여공학   미가여적도

可與適道라도 未可與立이며 可與立이라도 未可與權이니라
가여적도   미가여립   가여립   미가여권

공자께서 말씀하셨다.

"함께 공부할 수 있는 사람이라도 함께 도에 나아갈 수는 없고 함께
도에 나아갈 수 있어도 입장을 같이 할 수는 없으며, 입장을 같이 할
수 있어도 상황에 따른 판단을 함께 할 수는 없다."

해설

학문의 단계를 설명한 것이다. 공자가 최상으로 여긴 변통의 단계는 곧 자신의 지식
을 응용하여 자유자재로 융통할 수 있는 독창성의 단계를 말한다. 함께 학문을 할 수
는 있어도 같은 도덕의 길을 걸어가게 된다고는 말하기 어렵고, 함께 도를 지켜나간
다고 해도 하나의 사명을 성립시킬 수는 없다는 뜻을 담고 있다. 사람은 각자 타고난
재질과 성품, 그리고 능력이 다르기 때문에 같은 학문을 해도 결과가 같을 수는 없는
것이다.

제10장

향당 鄕黨

이 편은 주로 공자의 일상생활에 관한 여러 가지 일들을 기술하였다.
공자의 공公과 사私를 비롯하여 예와 악, 그리고 성실, 근엄한 생활의 면모를
제자들이 적은 기록을 발췌한 것이다.

鄕黨

장소에 따른 행동

孔子於鄕黨에 恂恂如也하사 似不能言者러시다
공자어향당   순순여야   사불능언자

其在宗廟朝廷에는 便便言하시대 唯謹爾러시다
기재종묘조정   편편언   유근이

공자께서 마을에 계실 때에는 공손하고 과묵하시어, 마치 말을 할 줄
모르는 사람 같으셨다. 하지만 종묘와 조정에 계실 때에는 분명하게
사리를 따져 주장을 펴시되 신중하게 하셨다.

해설

공자는 향리에 있을 때는 말을 삼가며 공손하게 처신하였다. 그러나 조정에 나가 나
랏일에 참여할 때는 사리를 따져 분명하게 소신을 밝혔다. 이것이 공인公人으로서의
떳떳한 태도이다. 그러나 어디까지나 신중함을 잃지는 않았다. 이는 바로 중용의 덕
을 체득한 성인聖人의 몸가짐인 것이다.

사람에 따른 대화

朝與下大夫言에 侃侃如也하시며 與上大夫言에 誾誾如也러시다
조여하대부언　간간여야　　여상대부언　은은여야

君在어시든 踧踖如也하시며 與與如也러시다
군재　　　축적여야　　　여여여야

조정에서 하대부들과 말씀하실 때는 강직하셨고, 상대부와 말씀하실
때는 부드럽고 분명하셨다. 임금이 계실 때에는 공경스러우면서도
위엄을 갖추었다.

 침묵할 때

食不語하시며 寢不言이러시다
식불어　　　침불언

식사를 하실 때는 말씀을 하지 않으셨고, 잠자리에 드셨을 때도 말씀
을 하지 않으셨다.

초라한 밥상에도 감사할 줄 알다

雖疏食菜羹이라도 瓜祭하시대 必齊如也러시다
수 소 사 채 갱   과 제   필 제 여 야

비록 거친 잡곡밥과 나물국일지라도 잡수시기 전에 반드시 경건하게
고수레를 하셨다.

해설

비록 잡곡밥과 나물국이라도 반드시 고수레했다는 말은, 모든 음식을 먹을 때 조금씩
덜어서 그릇 사이에 놓아 음식을 내려준 하늘에 감사하는 마음을 나타냈다는 것이다.

 ## 바른 자리에 앉아라

席不正이어든 不坐러시다
석 부 정   부 좌

자리가 바르지 않으면 앉지 않으셨다.

해설

바른 마음은 곧 바른 몸가짐에서 나오기 때문에 바른 자리가 아니면 앉지 않았다는
것이다.

연장자를 대접하라

鄕人飮酒에 杖者出이어든 斯出矣러시다
향 인 음 주   장 자 출   사 출 의

마을 사람들과 함께 술을 마실 때에는 지팡이를 짚은 노인이 먼저 나
간 다음에 따라 나가셨다.

 ## 사신을 보낼 때의 예

問人於他邦하실새 再拜而送之러시다
문 인 어 타 방   재 배 이 송 지

사람을 다른 나라에 보내어 문안을 드릴 때에는 그에게 두 번 절하고
나서 보내셨다.

해설

나라의 중대한 임무를 맡아 사신으로 떠나는 사람에게 공경하는 마음을 나타낸 것
이다.

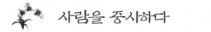

사람을 중시하다

廐焚이어늘 子退朝曰 傷人乎아 하시고 不問馬하시다
구 분　　　　자 퇴 조 왈　상 인 호　　　　불 문 마

마구간에 불이 났는데 공자께서 조정에서 돌아오시어, "사람이 다쳤
느냐?"라고 물으시고는 말에 대해서는 묻지 않으셨다.

죽은 친구에 대한 의

朋友死하여 無所歸어든 曰 於我殯이라 하시다
붕 우 사　　　무 소 귀　　　왈 어 아 빈

친구가 죽었는데 의탁할 곳이 없자 "내 집에 빈소를 차려라"라고 말
씀하셨다.

수레에서도 꼿꼿하시다

升車하사 必正立執綏러시다
승 차   필 정 립 집 수

車中에 不內顧하시며 不疾言하시며 不親指러시다
차 중   불 내 고   부 질 언   불 친 지

수레에 오르실 때에는 반드시 바르게 서서 손잡이 줄을 잡으셨다. 수
레 안에서는 이리저리 두리번거리지 않으셨고, 말씀을 빨리 하지 않
으셨으며, 직접 손가락질을 하지 않으셨다.

제11장

선진 先進

이 편은 공자가 여러 제자들에 대한 인물됨을 평가하는 구절이 많다.
직설적인 평도 있고, 간접적으로 비교하면서 서로에 대한 평가를 내린 것도 있으며,
주로 제자들의 슬기로운 행실을 기술했다.

先進

옛 사람을 따르리

子曰 先進이 於禮樂에 野人也요 後進이 於禮樂에 君子也라 하나니
자 왈 선 진   어 례 악   야 인 야   후 진   어 례 악   군 자 야

如用之則吾從先進하리라
여 용 지 즉 오 종 선 진

공자께서 말씀하셨다.

"옛 사람들은 예와 음악에서 야인처럼 질박했으나 후대의 사람들은
예와 음악에서 군자처럼 형식미를 갖추고 있다. 만일 내가 예와 음악
을 마음대로 택하여 쓸 수 있다면 나는 옛 사람들을 따르겠다."

제자들을 추억하다

子曰 從我於陳蔡者는 皆不及門也로다
자 왈 종 아 어 진 채 자   개 불 급 문 야

德行엔 顔淵, 閔子騫, 冉伯牛, 仲弓이요 言語엔 宰我, 子貢이요
덕 행   안 연 민 자 건 염 백 우 중 궁   언 어   재 아 자 공

政事엔 冉有, 季路요 文學엔 子游, 子夏니라
정 사   염 유 계 로   문 학   자 유 자 하

공자께서 말씀하셨다.

"진나라와 채나라에서 고생할 때 나를 따르던 사람들이 지금은 다 내
문하에 있지 않구나! 덕행이 훌륭한 사람은 안연·민자건·염백우·
중궁이 있고, 언변에는 재아와 자공이 뛰어났고, 정사에 밝은 사람은
염유와 계로였고, 문장과 학문에는 자유와 자하가 뛰어났다."

해설

노나라로 돌아와 일생을 마무리하던 공자가 옛날을 회고하면서 함께 동고동락했던
제자들을 회상한 것이다. 공자는 제자들을 덕행·언어·정치·문학 등 4가지 덕성으
로 나누고 각각 소질이 우수한 자들을 열거했다. 위에 기록한 제자들을 공자의 10철
哲이라고 한다.

공자를 온전히 따른 안회

子曰 回也는 非助我者也로다 於吾言에 無所不說이로다
자 왈 회 야   비 조 아 자 야   어 오 언   무 소 불 열

공자께서 말씀하셨다.

"안회는 도무지 나에게 도움을 주지 못한다. 그는 내가 하는 말에 기
뻐하지 않는 것이 없었다."

해설

안회는 특히 공자의 가르침을 깊이 이해하고 좋아한 제자였다. 그러므로 새로운 질문이나
반대의견을 제시하여 스승에게 지적 자극을 준 바가 없었다. 공자는 이 점을 말하고 있으
나 불만이라기보다는 칭찬이라고 해야 할 것이다. 안회는 늘 공자의 가르침을 말없이 실천
한 군자였다.

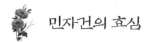

민자건의 효심

子曰 孝哉라 閔子騫이여 人不間於其父母昆弟之言이로다
자 왈 효 재   민 자 건   인 불 간 어 기 부 모 곤 제 지 언

공자께서 말씀하셨다.

"참으로 효성스럽도다, 민자건이여! 부모형제가 그의 효성을 칭찬하
는 말에 사람들도 트집을 잡지 못하는구나."

해설

민자건의 효성에 관한 일화는 매우 유명하다. 민자건의 생모가 형제를 낳고 죽자 그
의 아버지는 후처를 맞이하여 아들 둘을 낳았다. 계모는 전처가 낳은 장남 민자건을
몹시 학대하였는데, 한겨울에도 홑옷을 입혔다. 어느 겨울, 민자건이 아버지를 위해
수레를 몰고 가는데 날씨가 몹시 추워 손이 얼어서 고삐를 떨어뜨렸다. 이때 아버지
는 아들의 옷이 다 해지고 얇은 것을 목격하였다. 집에 돌아와 다른 아들들을 살펴보
니 모두 두터운 솜옷을 입고 있었다. 아버지는 계모에게 전처가 낳은 장남을 학대했
으니 집을 나가라고 했다. 이때 민자건은 계모가 있으면 한 아들만 추위에 떨면 되지
만 계모가 나가면 네 아들이 추위에 떨어야 하니 내쫓지 말도록 아버지에게 간청했
다. 이러한 민자건의 효성을 칭찬하는 부모와 형제의 말에 세상 사람들은 아무도 이
의를 제기하지 않았다.

공자가 인정한 남용

南容이 三復白圭어늘 孔子以其兄之子로 妻之하시다
남 용   삼 부 백 규   공 자 이 기 형 지 자   처 지

남용이 백규의 시를 세 번 반복하여 암송하자, 공자께서 형님의 딸을
그에게 시집보내셨다.

해설

공자는 남용이 〈백규〉라는 시를 세 번 되풀이해서 외우는 것을 보고, 그만큼 말에 신
중한 사람은 믿을 만하다고 여겼기 때문에 형의 딸을 그에게 시집보냈다.

안회의 죽음을 통탄하다

顏淵死子曰 噫라 天喪予라 天喪予라
안 연 사 자 왈 희   천 상 여   천 상 여

안연(안회)이 죽자 공자께서 탄식하셨다.

"아아! 하늘이 나를 버리시는구나! 하늘이 나를 버리시는구나!"

해설

공자는 수제자 안회를 통해 자신의 학문을 후세에 이을 생각이었다. 그만큼 안회는 자
질이 영특하고 인품이 고결했다. 그러나 불행히도 단명하여 요절한 것이다. 그의 죽음
으로 공자는 크나큰 충격과 절망에 빠져 하늘이 자기를 버렸다고 탄식한 것이다.

삶도 알지 못하는데 죽음을 말하랴

季路問事鬼神한대 子曰 未能事人이면 焉能事鬼리오
계 로 문 사 귀 신　　자 왈 미 능 사 인　　언 능 사 귀

敢問死하나이다
감 문 사

曰 未知生이면 焉知死리오
왈 미 지 생　　언 지 사

계로가 귀신 섬기는 일에 대해 묻자 공자께서 말씀하셨다.

"사람도 제대로 섬기지 못하면서 어찌 귀신을 섬길 수 있겠느냐?"

"감히 죽음에 대하여 여쭙겠습니다."

공자께서 말씀하셨다.

"아직 삶도 알지 못하는데 어찌 죽음을 알 수 있겠느냐?"

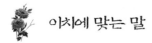 이치에 맞는 말

魯人이 爲長府러니 閔子騫曰 仍舊貫如之何오 何必改作이리오
노인   위장부   민자건왈 잉구관여지하   하필개작

子曰 夫人不言이언정 言必有中이니라
자왈 부인불언   언필유중

노나라 대신들이 장부長府라는 창고를 새로 짓자, 민자건이 말했다.
"옛 것을 수리해서 쓰면 어떠한가? 왜 꼭 다시 지어야만 하는가?"
공자께서 말씀하셨다.
"그는 말을 잘 하지 않지만 일단 말을 꺼내면 반드시 이치에 맞는다."

해설

민자건은 언행이 신중한 사람으로, 노나라 관리가 창고를 새로 만들고자 백성으로부
터 징수하는 것을 부당하게 여겨 이와 같이 비판한 것이다.

경지에 이르지 못함을 말하다

子曰 由之瑟을 奚爲於丘之門고
자왈 유지슬　해위어구지문

門人이 不敬子路한대 子曰 由也는 升堂矣오 未入於室也니라
문인　불경자로　　자왈 유야는 승당의　미입어실야

공자께서 말씀하셨다.

"유(자로)는 어찌 내 집에서 거문고를 타는고?"

그러자 문인들이 자로를 공경하지 않았다. 이에 공자께서 말씀하셨다.

"유의 학문은 대청마루에는 올라섰으나 아직 방 안에는 들지 못할 뿐
이다."

해설

자로는 성격이 강직하니만큼 거문고를 타는 것도 감미롭기보다는 거칠어서 자로의
수양이 부족함을 비판한 것인데, 공자의 의도와는 다르게 문인들이 자로를 존경하지
않게 되자 비유를 들어서 그의 인격과 학문이 최고의 경지에 이르지는 못했지만 상
당한 수준이라고 말한 것이다.

지나친 것은 모자란 것과 같다

子貢이 問 師與商也孰賢이리이까
자공　문 사 여 상 야 숙 현

子曰 師也는 過하고 商也는 不及이니라
자 왈 사 야　과　상 야　불 급

曰 然則師愈與이까
왈 연 즉 사 유 여

子曰 過猶不及이니라
자 왈 과 유 불 급

자공이 물었다.

"사(자장)와 상(자하) 가운데 누가 더 현명합니까?"

공자께서 말씀하셨다.

"사는 지나치고 상은 조금 못 미친다."

"그러면 사가 더 낫습니까?"

공자께서 말씀하셨다.

"지나친 것은 미치지 못하는 것과 마찬가지이다."

해설

자장은 기상이 활달하고 생각이 진보적이었고, 자하는 만사에 조심하며 모든 일을 현실적으로만 생각했다. 친구를 사귀는 데 있어서도 자장은 천하 사람이 다 형제라는 주의로 모든 사람을 동등하게 대하고, 자하는 '자신만 못한 사람을 친구로 삼지 말라'고 제자들에게 가르쳤다.

지나치지도 않고 부족하지도 않은 적절한 상태를 가리켜 중용中庸이라고 하는데, 공자는 중용을 매우 소중한 가치로 여겼다.

말 잘하는 사람을 경계하라

子路使子羔로 爲費宰한대 子曰 賊夫人之子로다
자 로 사 자 고   위 비 재   자 왈 적 부 인 지 자

子路曰 有民人焉하며 有社稷焉하니
자 로 왈 유 민 인 언   유 사 직 언

何必讀書然後에 爲學이리이까
하 필 독 서 연 후   위 학

子曰 是故로 惡夫佞者하노라
자 왈 시 고   오 부 녕 자

자로가 자고를 비읍의 수장으로 천거하자 공자께서 말씀하셨다.
"남의 자식을 망치게 하는구나!"
자로가 말하였다.
"그곳에는 다스릴 백성이 있고 받들 사직이 있습니다. 어찌 반드시
책만을 읽어야 공부한다고 하겠습니까?"
공자께서 말씀하셨다.
"이래서 내가 말 잘하는 사람을 미워하는 것이다."

자로가 자고를 비읍의 수장으로 천거하자, 공자는 예악을 터득하지 못한 자고에게 중임을 맡기려 함을 못마땅하게 생각하였다. 이에 자로가 나라의 정무를 맡아 경험을 쌓는 것도 공부가 되지 않겠느냐고 반문하자, 공자는 자로의 변명을 받아들이지 않고 말만 그럴싸하게 하는 사람을 미워한다고 일침을 가한 것이다.

성현의 발자취를 따르라

子張이 問善人之道한대 子曰 不踐迹이나 亦不入於室이니라
자장　문선인지도　　자왈　불천적　　역불입어실

자장이 선인의 도를 묻자, 공자께서 말씀하셨다.
"옛 성현의 훌륭한 발자취를 좇지 않으면 역시 성현의 경지에 들
지 못한다."

 ## 말에 현혹되지 말라

子曰 論篤을 是與면 君子者乎아 色莊者乎아
자왈 논독　 시여　 군자자호　　색장자호

공자께서 말씀하셨다.
"하는 말이 조리가 있고 그럴 듯하다고 해서 칭송하는데, 그 사람이
과연 군자다운 사람인가, 아니면 겉모습만 그럴 듯한 사람인가?"

제12장

안연 顔淵

이 편에서는 어진 정치의 도리를 밝히고 그것을 달성하는 길을 역설했다.
임금과 신하, 아버지와 아들이 지켜야 할 예,
군자의 학문과 덕행, 옥사를 처리하는 일 등이 수록되었다.
공자는 '인이란 자신을 이기고 예로 돌아가는 것'이라 역설했다.

顔淵

자기 자신을 극복하라

顔淵이 問仁한대 子曰 克己復禮爲仁이니
안연   문인   자왈 극기복례위인

一日克己復禮면 天下歸仁焉하나니
일일극기복례   천하귀인언

爲仁이 由己니 而由人乎哉아
위인   유기   이유인호재

안연이 인에 대하여 묻자, 공자께서 말씀하셨다.

"자기 자신을 이기고 예의 정신을 회복하는 것이 인이다. 하루만이라
도 자신을 이기고 예로 돌아가게 되면 천하가 인으로 돌아온다. 인을
실천하는 것은 남에게 있는 것이 아니라 자신에게 있느니라."

예가 아니면 보지도 말라

子曰 非禮勿視하며 非禮勿聽하며 非禮勿言하며 非禮勿動이니라
자왈 비 례 물 시   비 례 물 청   비 례 물 언   비 례 물 동

공자께서 말씀하셨다.

"예가 아니면 보지 말고, 예가 아니면 듣지 말며, 예가 아니면 말하지
말고, 예가 아니면 행하지 마라."

 ## 인을 행하면 원망이 없다

仲弓이 問仁한대 子曰 出門如見大賓하며 使民如承大祭하고
중 궁   문 인   자 왈 출 문 여 견 대 빈   사 민 여 승 대 제

己所不欲을 勿施於人이니 在邦無怨하며 在家無怨하니라
기 소 불 욕   물 시 어 인   재 방 무 원   재 가 무 원

중궁이 인에 대해 묻자, 공자께서 말씀하셨다.

"문밖에 나가 사람을 대할 때에는 귀한 손님을 대하듯 하고, 백성을
부릴 때는 큰 제사를 받들듯이 해야 한다. 자기가 원하지 않는 일을
남에게 강요하지 마라. 이렇게 하면 나라에서도, 집안에서도 원망하
는 이가 없을 것이다."

스스로 돌아보아 허물이 없게 하라

司馬牛問君子한대 子曰 君子는 不憂不懼니라
사마우문군자　　자왈 군자　불우불구

曰 不憂不懼면 斯謂之君子矣乎이까
왈 불우불구　사위지군자의호

子曰 內省不疚어니 夫何憂何懼리오
자왈 내성불구　　부하우하구

사마우가 군자에 대해 묻자, 공자께서 말씀하셨다.

"군자는 근심하지도 않고 두려워하지도 않는다."

사마우가 "근심하지 않고 두려워하지도 않으면 군자라고 할 수 있습
니까?" 하고 묻자, 공자께서 말씀하셨다.

"스스로를 돌아보아 허물이 없다면 무엇을 근심하고 무엇을 두려워
하겠느냐?"

군자는 천하의 모든 이가 형제

司馬牛憂曰 人皆有兄弟어늘 我獨亡로다
사 마 우 우 왈 인 개 유 형 제   아 독 무

子夏曰 商聞之矣로니 死生이 有命이오 富貴는 在天이라
자 하 왈 상 문 지 의   사 생   유 명   부 귀   재 천

君子敬而無失하고 與人恭而有禮면 四海之內皆兄弟也니
군 자 경 이 무 실   여 인 공 이 유 례   사 해 지 내 개 형 제 야

君子何患乎無兄弟也리오
군 자 하 환 호 무 형 제 야

사마우가 근심스럽게 말하였다.

"다른 사람들은 모두 형제가 있는데 나만 홀로 형제가 없다."

자하가 말하였다.

"제가 듣자 하니, 죽고 사는 것은 운명에 달려 있고, 부귀는 하늘에 매여 있다고 하였습니다. 군자가 공경하는 마음을 가지고 한순간도 소홀함이 없이 노력하며 남에게 공손하고 예절 바르게 대하면 온 세상 사람들이 모두 형제인데 군자인 당신이 어찌 형제 없음을 걱정하십니까?"

해설

사마우에게는 형인 환퇴가 있었지만, 그는 공자를 죽이려 한 무도한 사람이었기 때문에 형제가 없는 것으로 간주한 것이다.

멀리 내다보라

子張이 問明한대 子曰 浸潤之譖이 膚受之愬不行焉이면 可謂明也已矣니라
자장 문명   자왈 침윤지참 부수지소불행언   가위명야이의

浸潤之譖이 膚受之愬不行焉이면 可謂遠也已矣니라
침윤지참   부수지소불행언   가위원야이의

자장이 총명함에 대하여 묻자, 공자께서 말씀하셨다.
"물이 스며들듯 은근한 참소讒訴와 직접 피부로 느껴질 만큼 절실한 하소연을 물리친다면 사리에 밝다고 할 수 있다. 물이 스며들듯 은근히 하는 참소나 직접 피부로 느껴질 만큼 절실한 하소연에 넘어가지 않아야 비로소 멀리까지 내다본다고 할 수 있다."

해설
자장이 명철함에 대해 질문했을 때, 공자가 대답한 말이다. 공자는 사리를 올바르게 판단하기 위해 참소나 하소연과 연관된 감정을 버리고 냉정해야 한다고 충고했다.

군주는 군주다워야 한다

齊景公이 問政於孔子한대 孔子對曰 君君臣臣父父子子니이다
제 경 공　　문 정 어 공 자　　　공 자 대 왈 군 군 신 신 부 부 자 자

公曰 善哉라 信如君不君하며 臣不臣하며 父不父하며 子不子면
공 왈 선 재　　신 여 군 불 군　　　신 불 신　　　부 불 부　　　자 부 자

雖有粟이나 吾得而食諸아
수 유 속　　　오 득 이 식 저

제나라 경공이 공자께 정치에 관해 묻자, 공자께서 말씀하셨다.
"임금은 임금다워야 하고, 신하는 신하다워야 하고, 아버지는 아버지
다워야 하고, 아들은 아들다워야 합니다."
제경공이 말했다.
"좋은 말씀이오. 진실로 임금이 임금답지 못하고, 신하가 신하답지
못하며, 아버지가 아버지답지 못하고, 아들이 아들답지 못하면 비록
곡식이 있다 한들 내 어찌 먹을 수 있겠소?"

송사를 판결할 수 있는 사람

子曰 片言에 可以折獄者는 其由也與인저 子路는 無宿諾이리라
자왈 편언   가이절옥자   기유야여   자로   무숙낙

공자께서 말씀하셨다.

"한 마디 말로써 송사를 판결할 수 있는 사람은 아마도 유(자로)이리
라! 자로는 승낙한 것을 이행하지 않고 하루를 끄는 법이 없었다."

해설

자로는 용맹을 좋아하고 과단성이 있어 송사의 판결에도 우물쭈물하는 일이 없었다.
그리고 그는 남에게 약속한 일은 반드시 실천에 옮겼다. 공자는 자로의 저돌성을 우
려해 좀 더 심사숙고하도록 조언하는 한편 그의 믿음직하고 솔직한 성품에는 신뢰
를 보인 바도 있었다.

백성들의 믿음이 최우선이다

子貢이 問政한대 子曰 足食足兵이면 民信之矣니라
자공   문정   자왈 족식족병   민신지 의

子貢曰 必不得已而去이면 於斯三者에 何先이리이까
자공왈 필부득 이 이 거   어사삼자   하선

曰 去兵이니라
왈 거병

子貢曰 必不得已而去이면 於斯二者에 何先이리이까
자공왈 필부득 이 이 거   어사이자   하선

曰 去食이니 自古皆有死어니와 民無信不立이니라
왈 거식   자고개유사   민무신 불 립

자공이 정치에 대해 묻자, 공자께서 말씀하셨다.
"백성의 식량을 풍족하게 하는 것, 군비를 넉넉하게 하는 것, 백성들
이 믿도록 하는 것이다."
자공이 물었다.
"부득이 한 가지를 버려야 한다면 이 세 가지 중에서 어느 것을 먼저
버려야 합니까?"
공자께서 말씀하셨다.
"군대를 버려야 한다."

자공이 또 물었다.

"부득이 한 가지를 더 버려야 한다면 두 가지 중에서 어느 것을 먼저 버려야 합니까?"

"식량을 버린다. 예로부터 죽음은 누구에게나 있는 일이지만, 백성들의 믿음이 없으면 나라가 존립할 수 없다."

해설

공자는 정치의 요체로 경제·국방보다도 위정자에 대한 백성들의 신망을 더욱 중요시한 것이다. 이것을 잃으면 나라도, 사직도 무너지고 만다는 것이 그의 변함없는 소신이었다.

송사가 없도록 하라

子曰 聽訟이 吾猶人也나 必也使無訟乎인저
자왈 청송   오유인야   필야사무송호

공자께서 말씀하셨다.

"송사를 듣고 판결하는 것은 나도 남만큼은 할 수 있다. 그러나 그보
다는 반드시 송사가 없도록 해야 할 것이다!"

 정치는 충성으로 해야 한다

子張이 問政한대 子曰 居之無倦하며 行之以忠이니라
자장   문정   자왈 거지무권   행지이충

자장이 정치에 관하여 묻자, 공자께서 말씀하셨다.

"관직에 있을 때는 게을리 하지 않고 정사를 처리할 때는 진실된 마
음으로 해야 한다."

장점은 북돋아주고 단점은 고치게 하라

子曰 君子는 成人之美하고 不成人之惡하나니 小人은 反是니라
자왈 군자 성인지미 불성인지악 소인 반시

공자께서 말씀하셨다.
"군자는 다른 사람의 좋은 점을 도와 이룩하도록 해주고, 다른 사람
의 나쁜 점은 이루지 못하게 한다. 소인은 이와 반대이다."

솔선하여 바르게 행하라

季康子問政於孔子한대 孔子對曰
계강자문정어공자 공자대왈

政者는 正也니 子帥以正이면 孰敢不正이리오
정자 정야 자솔이정 숙감부정

계강자가 공자께 정치에 대해서 묻자, 공자께서 대답하셨다.
"정치란 바로잡는 일입니다. 그대가 앞장서서 바른 도리로 이끌어준
다면 감히 누가 바르게 행하지 않을 수 있겠습니까?"

윗물이 맑아야 아랫물이 맑다

季康子患盜하여 問於孔子한대
계 강 자 환 도　　　문 어 공 자

孔子對曰 苟子之不欲이면 雖賞之라도 不竊하리라
공 자 대 왈 구 자 지 불 욕　　　수 상 지　　　부 절

계강자가 도둑이 많은 것을 걱정하여 공자에게 조언을 구하자, 공자
께서 말씀하셨다.

"진실로 선생이 욕심을 부리지 않는다면, 비록 상을 준다고 해도 백
성들은 도둑질을 하지 않을 것입니다."

해설

계강자는 적자嫡子의 자리를 빼앗고 왕권까지 무력하게 만든 세도가였다. 그는 또한
백성들에게 무거운 세금을 부과하여 부를 축적했으니 도둑치고는 큰 도둑인 셈이다.
이런 그가 백성들 중에 도둑이 되어 치안을 어지럽히는 자가 많음을 걱정한 것이다.
공자는 그에게 위정자인 당신 자신부터 탐욕을 버리고, 월권행위를 하지 않는다면
백성들의 도둑질도 자연히 사라지게 될 것이라고, 윗자리에 있는 사람이 청렴결백하
다면 아랫사람들은 자연히 그 본을 따르게 마련일 것이라고 충고한 것이다.

풀은 바람이 부는 대로 엎드린다

子曰 君子之德은 風이요 小人之德은 草라
자왈 군자지덕　풍　　소인지덕　초

草上之風이면 必偃하느니라
초상지풍　　필언

공자께서 말씀하셨다.
"군자의 덕은 바람과 같고, 소인의 덕은 풀과 같다. 풀은 바람이 부는
대로 눕기 마련이다."

 ## 친구의 충고를 받아들이지 않는 이는
친구가 아니다

子貢이 問友한대 子曰 忠告而善道之하되
자공　문우　　자왈 충고이선도지

不可則止하여 無自辱焉이니라
불가즉지　　　무자욕언

자공이 벗에 대해 묻자, 공자께서 말씀하셨다.
"진실 된 마음으로 조언해 주고 잘 인도하되, 듣지 않으면 그만두어
욕을 당하는 일이 없도록 해야 한다."

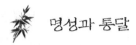

명성과 통달

子張이 問하되 士何如라야 斯可謂之達矣니이까
자장 문 사하여 사가위지달 의

子曰 何哉요 爾所謂達者여
자왈 하재 이소위달자

子張이 對曰 在邦必聞하며 在家必聞이니이다
자장 대왈 재방필문 재가필문

子曰 是는 聞也라 非達也니라 夫達也者는 質直而好義하며
자왈 시 문야 비달야 부달야자 질직이호의

察言而觀色하여 慮以下人하나니 在邦必達하며 在家必達이니라
찰언이관색 여이하인 재방필달 재가필달

夫聞也者는 色取仁而行違오 居之不疑하나니
부문야자 색취인이행위 거지불의

在邦必聞하며 在家必聞이니라
재방필문 재가필문

자장이 물었다.
"선비는 어떻게 하면 통달했다고 할 수 있습니까?"
공자께서 말씀하셨다.

"네가 말하는 통달이란 무엇이냐?"

이에 자장이 대답하였다.

"제후의 나라에서도 반드시 이름이 나고, 경대부의 영지에서도 반드시 이름이 나는 것입니다."

그러자 공자께서 말씀하셨다.

"그것은 명성이지, 통달이 아니다. 참으로 통달하는 사람은 성품이 강직하고 의로움을 좋아하며, 남의 말을 잘 헤아리고, 남의 기색을 잘 살피며 자신을 남보다 낮추어 생각한다. 그래야 제후의 나라에서도 통달할 수 있고 경대부의 영지에서도 통달할 수가 있는 것이다. 그러나 명성을 얻기만 하는 사람은 겉으로는 인을 취하는 척하면서 실제로는 인에 어긋나는 짓을 한다. 그러면서도 자기의 처신에 대해서 의심하지 않는 사람이다. 이들이 곧 제후의 나라에서도 이름을 내고, 경대부의 영지에도 이름을 내는 것이다."

학문으로 벗을 모으라

曾子曰 君子以文會友하고 以友輔仁이니라
증 자 왈 군 자 이 문 회 우   이 우 보 인

증자가 말했다.

"군자는 학문으로 벗을 모으고, 벗을 통하여 인의 덕을 높인다."

제13장

자로 子路

이 편은 주로 정치에 관한 문답이 대부분이고
후반부에는 정치와 도덕, 그리고 가정 및 나라를 다스리는 사람과
정치에 참여하는 사람들이 지켜야 할 도덕에 관한 내용이 많이 수록되었다.
공자는 중용의 도를 지키고 윤리 도덕을 지키는 것이
자신을 다스리고 나라를 다스리는 기본임을 역설하였다.

子路

먼저 앞장서 행하라

子路問政한대 子曰 先之勞之니라 請益한대 曰 無倦이니라
자 로 문 정   자 왈 선 지 노 지   청 익   왈 무 권

자로가 정치에 대해서 묻자, 공자께서 말씀하셨다.

"백성들보다 먼저 앞장서서 일을 하고, 그 다음에 백성들을 부려야
한다."

더 자세히 말씀 듣기를 청하자, 공자께서 말씀하셨다.

"게을리함이 없어야 한다."

해설

자로가 정치에 대해 질문하자 공자가 대답한 것인데, 공자는 정치를 할 때 나태한 행
동은 사명감을 포기하는 것과 같다고 말했다. 특히 자로가 게으른 면이 있었기 때문
에 공자는 이것까지 지적하고 있는 것이다.

인재를 등용하는 것이 중요하다

仲弓이 爲季氏宰라 問政한대
중궁   위계씨재   문정

子曰 先有司요 赦小過하며 擧賢才니라
자왈 선유사   사소과   거현재

曰 焉知賢才而擧之리이까
왈 언지현재이거지

曰 擧爾所知면 爾所不知를 人其舍諸아
왈 거이소지   이소부지   인기사저

중궁이 계씨의 가재家宰가 되어 정치에 대해 묻자, 공자께서 말씀하
셨다.
"먼저 각 관원에게 일을 맡기고, 작은 과실은 용서하며, 현명한 인재
를 등용해야 한다."
"현명한 인재인지 어떻게 알고 등용합니까?"
"우선 네가 잘 아는 현명한 사람을 등용해라. 그리하면 네가 알지 못
하는 현명한 사람을 다른 사람들이 그냥 내버려두겠느냐?"

군자는 말에 소홀함이 없어야 한다

子曰 君子名之면 必可言也며 言之면 必可行也니
자왈 군자명지   필가언야   언지   필가행야

君子於其言에 無所苟而已矣니라
군자어기언   무소구이이의

공자께서 말씀하셨다.

"군자가 명분을 바로잡으면 반드시 바르게 말할 수 있고, 바르게 말을 하면 반드시 바르게 행할 수 있게 되는 것이다. 군자는 자기 말에 소홀함이 없어야 한다."

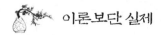

子曰 誦詩三百하되 授之以政에 不達하며
자 왈 송 시 삼 백   수 지 이 정   부 달

使於四方에 不能專對하면 雖多나 亦奚以爲리오
사 어 사 방   불 능 전 대   수 다   역 해 이 위

공자께서 말씀하셨다.

"『시경』삼백 편을 외운다 해도 정치를 맡기면 잘 해내지 못하고, 사
방 여러 나라에 사신으로 가서도 독자적으로 대응할 수 없다면 비록
시를 많이 외운들 무슨 소용이 있겠는가?"

해설

대부가 다른 나라에 사신으로 나갈 때는 궁극적인 사명만 부여하고 구체적인 응대
방법은 일러주지 않기 때문에 일일이 본국 조정의 지시를 기다릴 필요 없이 상황에
따라 스스로 판단하여 임기응변해야 하는데, 그릇이 작고 고지식하여 그것을 능숙하
게 처리하지 못한다면 그 많은 지식도 아무 소용없다는 의미다.

군주가 바르게 서야 한다

子曰 其身正이면 不令而行하고 其身不正이면 雖令不從이니라
자 왈 기 신 정　　불 령 이 행　　기 신 부 정　　수 령 부 종

공자께서 말씀하셨다.

"위정자 자신이 올바르면 명령을 내리지 않아도 만사가 이루어지고,
위정자 자신이 올바르지 않으면 비록 명령을 내려도 백성들이 따르
지 않는다."

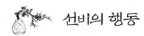 ## 선비의 행동

子曰 行己有恥하며 使於四方하여 不辱君命이면 可謂士矣니라
자 왈 행 기 유 치　　사 어 사 방　　불 욕 군 명　　가 위 사 의

공자께서 말씀하셨다.

"자신의 행동에 대해 부끄러워할 줄 알고, 여러 나라에 사신으로 가
서도 임금으로부터 받은 사명을 욕되게 하지 않는다면 선비라고 할
수 있다."

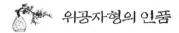 위공자형의 인품

子謂衛公子荊한대 善居室이로다 始有에 曰 苟合矣라 하고
자 위 위 공 자 형   선 거 실   시 유   왈 구 합 의

少有에 曰 苟完矣라 하고 富有에 曰 苟美矣라 하니라
소 유   왈 구 완 의   부 유   왈 구 미 의

공자께서 위나라 공자 형荊에 대하여 말씀하셨다.

"그는 집안 살림을 잘 꾸려갔다. 처음으로 재산이 모이기 시작하자
'그런 대로 필요한 만큼 모였다'라고 하였고, 그 후 좀 더 재물이 늘어
나자 '그런 대로 다 갖추었다'라고 말했으며, 그 후 아주 부유하게 되
자 '그런 대로 화려하다'라고 하였다."

해설

당시에는 없으면서도 있는 척하며 허세를 부리는 풍토가 만연했는데, 재물에 대
해 욕심 없고 겸손한 위나라 공자 형荊의 태도가 이렇게 말투에서도 드러났다는
것이다.

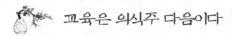

교육은 의식주 다음이다

冉有曰 旣庶矣어든 又何加焉이리이까
염유왈 기서의   우하가언

子曰 富之니라
자왈 부지

曰 旣富矣어든 又何加焉이리이까
왈 기부의   우하가언

子曰 敎之니라
자왈 교지

염유가 물었다.
"백성이 많아지고 나면 거기에 무엇을 더해 주어야 합니까?"
공자께서 말씀하셨다.
"부유하게 해주어야 한다."
"백성들이 부유해지고 나면 또 무엇을 더해 주어야 합니까?"
"가르쳐야 한다."

3년이면 도덕정치를 이룬다

子曰 苟有用我者면 朞月而已可也니 三年이면 有成이니라
자 왈 구 유 용 아 자   기 월 이 이 가 야   삼 년   유 성

공자께서 말씀하셨다.

"진실로 나를 써 주는 사람이 있다면 일 년이면 나라를 바로잡아 어
느 정도 기강을 세울 수 있을 것이고, 3년이면 치적을 이룰 수 있을
것이다."

해설

공자가 위나라 영공靈公을 만난 뒤 자신이 등용될 가망이 없음을 알고 나서 이 말을
했다고 한다. 즉 위나라에서 정치에 참여할 기회가 주어지면 일 년 후엔 나라의 기강
을 바로잡을 것이며, 삼 년 뒤에는 뚜렷한 성과를 올릴 수 있다고 말한 것이다.

착한 정치는 포악함을 이긴다

子曰 善人爲邦百年이면 亦可以勝殘去殺矣라 하니
자 왈 선 인 위 방 백 년　　　역 가 이 승 잔 거 살 의

誠哉라 是言也여
성 재　　시 언 야

공자께서 말씀하셨다.

"착한 사람이 백 년 동안 나라를 다스린다면 잔악함을 억누르고 살육
을 없앨 수 있으리라 했거늘, 이는 정말 옳은 말이다."

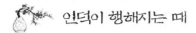 인덕이 행해지는 때

子曰 如有王者라면 必世而後仁이니라
자왈 여유왕자   필세이후인

공자께서 말씀하셨다.

"만약 왕도정치를 행하는 자가 나타난다면 반드시 한 세대가 지난 이
후에는 천하에 인덕이 행해질 것이다."

해설

왕자王者란 세력 확장에 수단과 방법을 가리지 않는 패자覇者와는 정반대되는 입장
에 있는 사람이다. 왕자는 성인다운 학식과 인격을 갖추고 온 천하의 모든 사람들에
게 인정仁政을 베푸는 성천자聖天子이다. 인간의 선의지善意志를 믿고 잘못과 비행非
行을 덕으로써 교화敎化하는 군주에게 천하의 민심은 자연히 쏠리게 된다. 그러므로
이런 성왕이 나타난 지 30년쯤 되면 온 세상에 인덕이 골고루 미쳐 태평성대를 이루
게 되는 것이다.

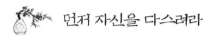# 먼저 자신을 다스려라

子曰 苟正其身矣면 於從政乎何有며
자왈 구정기신의   어종정호하유

不能正其身이면 如正人何오
불능정기신   여정인하

공자께서 말씀하셨다.
"자기 자신을 바로잡는다면 정치를 하는 데 있어서 무슨 문제가 있겠
는가? 자기 자신을 바로잡지 못한다면 어떻게 남을 바르게 다스릴 수
있겠는가?"

정치의 기본

葉公이 問政한대 子曰 近者說하며 遠者來니라
섭공 문정   자 왈 근 자 열   원 자 래

섭공이 정치에 대해 묻자, 공자께서 말씀하셨다.
"가까이 있는 사람은 기쁘게 하고, 멀리 있는 사람은 찾아오게 하는
것입니다."

해설

섭공은 초나라의 대부로 대외관계에서 적극적인 활약을 한 정치인이다. 그러나 백성
들에게 덕정德政을 베푸는 데는 그다지 신경을 쓰지 않았다. 공자는 정치란 위정자
가 먼저 덕정을 베풀어 백성들을 즐거운 마음으로 따르게 해야만 성과를 거둘 수 있
음을 강조하고 있다.

 어디서든 인을 지녀라

樊遲問仁한대 子曰 居處恭하며 執事敬하며 與人忠을
번 지 문 인   자 왈 거 처 공   집 사 경   여 인 충

雖之夷狄이라도 不可棄也니라
수 지 이 적   불 가 기 야

번지가 인에 대해서 묻자, 공자께서 말씀하셨다.
"평소에는 몸가짐을 단정하면서도 공손하게 하고, 일을 할 때는 신중
하게 하고, 사람을 대할 때는 진심으로 대해야 한다. 이는 비록 오랑
캐 나라에 간다고 해도 버릴 수 없는 것이다."

중용의 도를 갖춘 사람이 없다

子曰 不得中行而與之엔 必也狂狷乎인저
자왈 부득중행이여지　필야광견호

狂者는 進取요 狷者는 有所不爲也니라
광자　진취　견자　유소불위야

공자께서 말씀하셨다.

"중용의 도를 실천하는 사람과 함께 하지 못한다면 차라리 뜻이 높은
사람이나 고지식한 사람을 택하겠다. 뜻이 높은 사람은 진취적이고,
고지식한 사람은 옳지 않은 일은 하지 않기 때문이다."

해설

공자는 중용의 도를 익혀 실천하는 것을 최고의 가치로 여겼으나, 그런 사람을 만나
는 것은 불가능하다고 보았다. 그럴 경우에는 광자狂者나 견자狷者와 어울리겠다는
것이다. 광狂은 뜻이 높은 사람을 말하고, 견狷은 무식하고 고집스러운 사람을 말한
다. 광자나 견자는 그들 나름대로의 뚜렷한 주관이 있기 때문에 공자는 이들을 선택
한 것이다.

군자는 부화뇌동하지 않는다

子曰 君子는 和而不同하고 小人은 同而不和니라
자왈 군자　화이부동　　소인　동이불화

공자께서 말씀하셨다.

"군자는 사람들과 화합하지만 부화뇌동하지는 않고, 소인은 부화뇌동하지만 사람들과 화합하지 못한다."

해설

군자는 자기만의 확고한 가치판단을 지니고 있는 사람이다. 그는 공공의 이익이나 도리에 맞는 일에는 협조를 아끼지 않는다. 그러나 이 경우에도 자기의 주관을 지닌 채 남과 화합하는 것이다. 이에 반하여 소인은 뚜렷한 주관이나 개성이 없는 존재로 자기의 이익을 위해서는 불합리한 일에 쉽게 뇌동한다. 군자가 자기만의 창조성으로 사회발전에 공헌할 수 있음에 반하여, 소인은 옳지 못한 일에 동화됨으로써 자기의 존재 의의마저 상실하는 것이다.

군자는 섬기기는 쉬워도 기쁘게 하기는 어렵다

子曰 君子는 易事而難說也니 說之不以道면 不說也요
자왈 군자 이사이난열야 열지불이도 불열야

及其使人也 器之니라
급기사인야 기지

小人은 難事而易說也니 說之雖不以道라도 說也요
소인   난사이이열야   열지수불이도   열야

及其使人也求備焉이니라
급기사인야구비언

공자께서 말씀하셨다.

"군자는 섬기기는 쉬워도 기쁘게 하기는 어렵다. 기쁘게 하려고 노력
해도 도리에 맞지 않으면 군자는 기뻐하지 않지만, 사람을 부릴 때는
그 사람의 역량에 따라 일을 맡긴다. 소인은 섬기기는 어려워도 기쁘
게 하기는 쉽다. 그를 기쁘게 하려 할 때는 올바른 도리로 하지 않더
라도 기뻐한다. 그러나 소인이 사람을 부릴 경우에는 능력을 다 갖추
고 있기를 요구한다."

군자는 교만하지 않는다

子曰 君子는 泰而不驕하고 小人은 驕而不泰니라
자왈 군자　태이불교　　소인　교이불태

공자께서 말씀하셨다.
"군자는 태연하면서도 교만하지 않고, 소인은 교만하면서도 태연하
지 못하다."

강직하고 말이 적은 사람은 인에 가깝다

子曰 剛毅木訥이면 近仁이니라
자왈 강의목눌　　근인

공자께서 말씀하셨다.
"강직하고 의연하며, 소박하고 말이 적은 사람은 인에 가깝다."

백성을 잘 다스리면 스스로 나라를 사랑한다

子曰 善人이 敎民七年이면 亦可以卽戎矣니라
자왈 선인   교민칠년   역가이즉융의

공자께서 말씀하셨다.

"선한 사람이 백성들을 7년 동안 가르친다면 그 백성들을 전쟁에 나
가 싸우게 할 수 있다."

해설

통치자가 백성을 잘 다스려 기강을 바로잡고 훌륭한 정치를 펼치면 백성은 나라가
위급할 때 스스로 전쟁터에 나갈 수도 있다는 것이다.

 ## 먼저 가르쳐라

子曰 以不敎民戰이면 是謂棄之니라
자왈 이불교민전   시위기지

공자께서 말씀하셨다.

"백성들을 가르치지 않고 전쟁에 나가도록 하는 것은 곧 그들을 버리
는 것이다."

제14장

헌문 憲問

이 편에서는 삼왕三王과 이패二覇의 역사적인 발자취와
여러 제후들과 대부들의 발자취를 논하였고,
인을 실천하고 염치를 아는 것과
자신을 수양하고 백성들을 잘 살게 해주는 정치의 큰 뜻을 밝혔다.

憲問

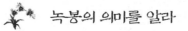 녹봉의 의미를 알라

憲問恥한대 子曰 邦有道에 穀하며 邦無道에 穀이 恥也니라
헌 문 치　　자 왈 방 유 도　 곡　　방 무 도　 곡　 치 야

원헌이 수치에 대해서 묻자, 공자께서 말씀하셨다.
"나라에 도가 행해지고 있을 때에 자리를 차지하고 앉아서 녹봉이나
받아먹고, 나라에 도가 행해지지 않을 때에도 관직에서 물러나지 않
고 녹봉을 받아먹는 것은 수치스러운 일이다."

해설

나라에 도가 있을 때 관리로 등용되었으면 자신의 능력을 한껏 발휘하여 나라를 위
해 무언가를 성취해야 하는데, 자리만 지키고 녹봉을 받는 것은 수치스런 일이며, 나
라에 도가 없으면 곧장 벼슬에서 물러나 자신의 수양에 전념해야 하는데, 관리로 있
으면서 녹봉만 받는 것은 수치스런 일이라는 의미다.

선비는 편안함을 생각하지 않는다

子曰 士而懷居면 不足以爲士矣니라
자 왈 사 이 회 거   부 족 이 위 사 의

공자께서 말씀하셨다.

"선비가 편안히 살기만을 생각한다면 선비라고 할 수가 없다."

 ## 도가 있을 때와 없을 때

子曰 邦有道엔 危言危行하고 邦無道엔 危行言孫이니라
자 왈 방 유 도   위 언 위 행   방 무 도   위 행 언 손

공자께서 말씀하셨다.

"나라에 도가 행해지고 있을 때는 말과 행동을 돋보이게 하지만, 나라에 도가 행해지고 있지 않을 때는 행동은 돋보이게 하되, 말은 공손해야 한다."

해설

말과 행동을 돋보이게 하라는 것은 자신의 바른 판단으로 바른 말과 행동을 하라는 뜻이며, 행동은 돋보이게 하고 말은 공손히 하라는 것은 행동은 바르게 하되 말은 매사 조심하여 화를 피하라는 것이다.

바른 말을 한다고 덕이 있는 것은 아니다

子曰 有德者는 必有言이어니와 有言者는 不必有德이니라
자왈 유덕자　필유언　　　유언자　불필유덕

仁者는 必有勇이어니와 勇者는 不必有仁이니라
인자　필유용　　　용자　불필유인

공자께서 말씀하셨다.

"덕이 있는 사람은 반드시 바른 말을 하는 법이지만, 바른 말을 하는
사람이라고 해서 반드시 덕이 있는 것은 아니다. 어진 사람은 반드시
용기를 갖고 있지만, 용기를 갖고 있다고 해서 반드시 어진 것 또한
아니다."

 소인에는 어진 이가 없다

子曰 君子而不仁者는 有矣夫어니와 未有小人而仁者也니라
자왈 군자이불인자　유의부　　　미유소인이인자야

공자께서 말씀하셨다.

"군자로서 어질지 못한 사람은 있겠지만, 소인으로 어진 사람은
없다."

진실로 사랑한다면

子曰 愛之인대 能勿勞乎아 忠焉인대 能勿誨乎아
자왈 애지   능물노호   충언   능물회호

공자께서 말씀하셨다.
"그를 사랑한다면서 수고롭게 하지 않을 수 있겠느냐? 그를 진심으
로 대한다면서 바르게 깨우쳐 주지 않을 수 있겠느냐?"

 가난을 원망하지 않기는 어렵다

子曰 貧而無怨은 難하고 富而無驕는 易니라
자왈 빈이무원   난   부이무교   이

공자께서 말씀하셨다.
"가난하면서 원망하지 않기는 어렵지만, 부유하면서 교만하지 않기
는 쉽다."

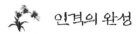 **인격의 완성**

子曰 見利思義하며 見危授命하며
자왈 견 리 사 의   견 위 수 명

久要에 不忘平生之言이면 亦可以爲成人矣니라
구 요   불 망 평 생 지 언   역 가 이 위 성 인 의

공자께서 말씀하셨다.
"이로움이 되는 일을 보면 의로운 것인지를 생각하고, 나라가 위태로
운 것을 보면 목숨을 바치며, 오래된 약속이라 할지라도 그 말을 잊
지 않는다면 완성된 인간이라고 할 수 있다."

 말을 신중히 하라

子曰 其言之不怍이면 則爲之也難하니라
자 왈 기 언 지 부 작   즉 위 지 야 난

공자께서 말씀하셨다.
"말하는 데 부끄러움이 없다면 그것을 실행하는 것도 어렵다."

해설
말하기를 부끄러워해야 말조심을 하게 된다. 쉽게 함부로 말하는 사람이 그 말대로
실천하는 것을 보기 힘들다는 것이다.

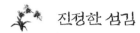 진정한 섬김

子路問事君한대 子曰 勿欺也요 而犯之니라
자 로 문 사 군　　　자 왈 물 기 야　　이 범 지

자로가 임금을 섬기는 것에 대하여 묻자, 공자께서 말씀하셨다.
"속이지 말고 뜻에 거스르더라도 바른 말을 하라."

 군자는 하늘의 뜻을 따른다

子曰 君子는 上達하고 小人은 下達이니라
자 왈 군 자　　상 달　　　소 인　　하 달

공자께서 말씀하셨다.
"군자는 날마다 위로 통달하고, 소인은 날마다 아래로 통달한다."

해설

군자는 위로 통달하여 인의에 밝고 소인은 아래로 통달하여 이익에 밝다는 뜻이다.
다시 말해 군자는 진리, 도덕을 향하여 나아가고 소인은 재물, 이득을 추구해 나아가
니, 군자는 하늘의 뜻을 따르고 소인은 인간의 욕망을 따른다는 의미이다.

자기 수양을 위한 학문

子曰 古之學者爲己러니 今之學者爲人이로다
자 왈 고 지 학 자 위 기   금 지 학 자 위 인

공자께서 말씀하셨다.

"옛날의 공부하는 이들은 자기 수양을 위해 하였고, 오늘날 공부하는
이들은 남에게 인정받기 위해 한다."

 ## 자신의 위치에 충실하라

曾子曰 君子는 思不出其位니라
증 자 왈 군 자   사 불 출 기 위

증자가 말하였다.

"군자는 자신의 위치를 벗어나는 일을 생각하지 않는다."

말이 행동을 넘어서지 말라

子曰 君子는 恥其言而過其行이니라
자 왈 군 자   치 기 언 이 과 기 행

공자께서 말씀하셨다.

"군자는 말이 행동을 넘어서는 것을 부끄럽게 여긴다."

 다른 사람을 비판하지 말라

子貢이 方人하니 子曰 賜也는 賢乎哉아 夫我則不暇로다
자 공   방 인   자 왈 사 야   현 호 재   부 아 즉 불 가

자공이 다른 사람을 비판하자 공자께서 말씀하셨다.

"사는 현명한가 보구나! 도대체 나는 그렇게 할 겨를이 없다."

해설
자공은 머리가 총명하고 구변이 좋았지만 사람들의 장단점을 비교하거나 비판하는 단점이 있었다. 이에 공자가 자공의 태도를 지적한 것이다.

명마를 결정하는 것

子曰 驥는 不稱其力이오 稱其德也니라
자왈 기   불칭기력   칭기덕야

공자께서 말씀하셨다.

"명마는 그 힘으로 일컫는 것이 아니라, 그 조련이 잘 되었으므로 일
컫는 것이다."

 ## 원한은 정의로, 은덕은 은덕으로 갚아라

或曰 以德報怨이 何如니이까
혹왈 이덕보원   하여

子曰 何以報德고 以直報怨이오 以德報德이니라
자왈 하이보덕   이직보원   이덕보덕

어떤 사람이 물었다.

"원한을 은덕으로 갚는 것은 어떻습니까?"

공자께서 말씀하셨다.

"그러면 은덕은 무엇으로 갚겠는가? 원한은 정의로써 갚고, 은덕은
은덕으로 갚는 것이다."

나를 알아주는 건 하늘뿐

子曰 不怨天하며 不尤人이요 下學而上達하노니
자 왈 불 원 천   불 우 인   하 학 이 상 달

知我者其天乎인저
지 아 자 기 천 호

공자께서 말씀하셨다.
"하늘을 원망하지 않고 사람을 탓하지 않으며, 하찮은 것부터 배워
서 심오한 이치에까지 도달하였으니, 나를 알아주는 것은 저 하늘뿐
이구나!"

해설

춘추의 난세에 태어난 공자는 세상을 바로잡고, 백성을 구제할 큰 뜻을 품었으나 자
신의 정치적 이념을 펼쳐볼 기회를 얻지 못하였다. 이에 공자는 자신을 알아주는 사
람이 없음을 탄식하며 하학이상달下學而上達한 경지를 하늘이 알아주리라고 스스로
를 달래고 있다.

현명한 사람은 스스로 피한다

子曰 賢者는 辟世하고 其次는 辟地하고
자왈 현자 피세   기차 피지

其次는 辟色하고 其次는 辟言이니라
기차   피색   기차 피언

공자께서 말씀하셨다.
"현명한 사람은 도가 행해지지 않는 어지러운 세상을 피하고, 그 다음은 무도한 나라를 피하고, 그 다음은 무례한 사람을 피하고, 그 다음은 그릇된 말을 피한다."

 예로 다스리면 백성은 저절로 따른다

子曰 上好禮면 則民易使也니라
자왈 상호례   즉민이사야

공자께서 말씀하셨다.
"윗사람이 예를 좋아하면 백성들 부리기가 쉽다."

자기를 수양하여 백성 다스리기는 어렵다

子路問君子한대 子曰 修己以敬이니라
자 로 문 군 자   자 왈 수 기 이 경

曰 如斯而已乎이까
왈 여 사 이 이 호

曰 修己以安人이니라
왈 수 기 이 안 인

曰 如斯而已乎이까
왈 여 사 이 이 호

曰 修己以安百姓이니 修己以安百姓은 堯舜도 其猶病諸시니라
왈 수 기 이 안 백 성   수 기 이 안 백 성   요 순   기 유 병 저

자로가 군자에 대하여 묻자, 공자께서 말씀하셨다.

"자기를 수양하고 경건해야 한다."

"그렇게만 하면 됩니까?"

"자기를 수양하고 다른 사람들을 편안하게 해주어야 한다."

"그렇게만 하면 됩니까?"

"자기를 수양하여 백성들을 편안하게 해주어야 한다. 자기를 수양하고 백성들을 편안하게 해주는 것은 요임금과 순임금도 실현하기 어려워한 것이다."

제15장

위령공 衛靈公

이 편은 공자가 겪은 일들을 통해
갈수록 쇠퇴하는 세상을 한탄하는 구절이 많다.
그런 가운데에서도 자신의 몸을 닦고
올바른 처세의 길과 바른 길을 논한 글들도 섞여 있다.

衛靈公

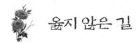

옳지 않은 길

衛靈公이 問陳於孔子한대 孔子對曰 俎豆之事는 則嘗聞之矣어니와
위 령 공   문 진 어 공 자   공 자 대 왈 조 두 지 사   즉 상 문 지 의

軍旅之事는 未之學也라 하시고 明日遂行하시다
군 려 지 사   미 지 학 야   명 일 수 행

위나라 영공이 공자께 군대의 진법에 대해 묻자 공자께서 대답하셨다.
"제기를 진설하는 일 같은 것은 일찍이 들은 적이 있지만 군대에 관
한 일은 아직 배운 바가 없습니다"하고 이튿날 위나라를 떠났다.

해설

영공이 군대의 작전법을 묻자 공자는 그가 어떻게 하면 다른 나라를 빼앗을 수 있을
까 하는 것에만 관심이 있음을 알고 이와 같이 대답하고는 곧장 위나라를 떠났다. 자
신은 오직 인의 도덕에만 관심이 있을 뿐 전쟁은 싫어한다는 뜻을 전한 것이다.

군자는 곤궁함 앞에서도 의연하다

子曰 君子는 固窮이니 小人은 窮斯濫矣니라
자왈 군자   고궁   소인   궁사람의

공자께서 말씀하셨다.
"군자는 곤궁에 처해도 의연하게 마련이나 소인은 곤궁하면 옳지 못
한 짓을 하게 된다."

 ## 덕을 아는 이가 없다

子曰 由아 知德者鮮矣니라
자왈 유   지덕자선의

공자께서 말씀하셨다.
"유(자로)야, 덕을 아는 사람이 드물구나!"

외우지 말고 깨우쳐라

子曰 賜也아 女以予爲多學而識之者與아
자왈 사야 여이여위다학이식지자여

對曰 然하니다 非與이까
대왈 연 비여

曰 非也라 予一以貫之니라
왈 비야 여일이관지

공자께서 말씀하셨다.

"사(자공)야, 너는 내가 많이 배워서 그것들을 기억하는 사람이라고

생각하느냐?"

자공이 대답하였다.

"그렇습니다. 그런 것이 아닙니까?"

"아니다. 나는 오직 하나의 이치로 모든 것을 꿰뚫고 있을 뿐이다."

해설

공자는 자기가 단순히 많은 지식을 배우고 외우는 데 그치지 않고, 하나의 기본 관념
으로써 일관성 있게 체계화했다고 말하고 있다. 하나를 알면 세상사 모든 것을 안다
는 말이다. 즉 깨우침이 있어야 한다는 뜻이고, 통찰로 세상을 바라보고 안다는 뜻이
다. 근본을 깨달으면 만물을 그 근본에 꿰어 알 수 있는 것이다.

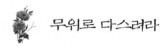
무위로 다스려라

子曰 無爲而治者는 其舜也與신저
자왈 무위이치자 기순야여

夫何爲哉시리오 恭己正南面而已矣시니라
부하위재   공기정남면이이의

공자께서 말씀하셨다.

"스스로 애쓰지 않고도 천하를 태평하게 다스린 사람은 순임금이었
다! 그는 어떻게 하였는가? 자기의 몸가짐을 공손히 하고 바르게 임
금의 자리를 지키고 있었을 뿐이다."

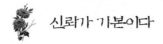

신뢰가 기본이다

子張이 問行한대 子曰 言忠信하며 行篤敬이면
자 장   문 행   자 왈 언 충 신   행 독 경

雖蠻貊之邦이라도 行矣어니와
수 만 맥 지 방   행 의

言不忠信하며 行不篤敬이면 雖州里니 行乎哉아
언 불 충 신   행 부 독 경   수 주 리   행 호 재

자장이 어디에서나 통할 수 있는 행실에 대해서 묻자, 공자께서 말씀
하셨다.

"말이 진실 되고 믿음직하며, 행동이 독실하고 공경스러우면 비록 오
랑캐의 나라에서라도 통할 수 있을 것이다. 말이 진실 되고 믿음직스
럽지 못하며 행동이 독실하고 공경스럽지 않다면 비록 고향에서라도
통할 수 있겠느냐?"

도가 행해질 때와 행해지지 않을 때

子曰 直哉라 史魚여 邦有道에 如矢하며 邦無道에 如矢로다
자왈 직재 사어 방유도 여시 방무도 여시

君子哉라 蘧伯玉이여 邦有道則任하고 邦無道則可卷而懷之로다
군자재 거백옥 방유도즉임 방무도즉가권이회지

공자께서 말씀하셨다.
"강직하구나, 사어여! 나라에 도가 행해질 때는 화살처럼 곧았고, 나라에 도가 행해지지 않을 때도 화살처럼 곧았다. 군자로다, 거백옥이여! 나라에 도가 행해지면 나아가 벼슬을 하고, 나라에 도가 행해지지 않으면 물러나 숨는구나!"

지혜로운 사람

子曰 可與言而不與之言이면 失人이오 不可與言而與之言이면 失言이니
자왈 가여언이불여지언   실인   불가여언이여지언   실언

知者는 不失人이며 亦不失言이니라
지자   불실인   역불실언

공자께서 말씀하셨다.
"더불어 말할 사람과 더불어 말을 하지 않으면 사람을 잃는 것이고,
더불어 말하지 않을 것을 더불어 말하면 말을 낭비하는 것이다. 지혜
로운 자는 사람을 잃지 않고 말을 낭비하지 않는다."

자신을 희생하여 인을 이룬다

子曰 志士仁人은 無求生以害仁이오 有殺身以成仁이니라
자왈 지사인인   무구생이해인   유살신이성인

공자께서 말씀하셨다.
"뜻 있는 선비와 어진 사람은 살기 위해 인을 해치지 않으며, 자신의
목숨을 바쳐서 인을 이룬다."

어진 이를 곁에 두라

子貢이 問爲仁한대 子曰 工欲善其事인대 必先利其器니
자공   문위인   자왈 공욕선기사   필선리기기

居是邦也하여 事其大夫之賢者하며 友其士之仁者니라
거 시 방 야   사 기 대 부 지 현 자   우 기 사 지 인 자

자공이 인을 행하는 방도를 묻자, 공자께서 말씀하셨다.
"장인이 일을 잘 하려면 반드시 연장을 잘 갖추어야 하듯, 나라에 있
어서는 대부 중 어진 사람을 섬기고 선비 가운데 어진 사람을 사귀어
야 할 것이다."

 ## 멀리 내다보라

子曰 人無遠慮면 必有近憂니라
자왈 인무원려   필유근우

공자께서 말씀하셨다.
"사람이 멀리 내다보며 깊이 생각하지 않으면 반드시 가까운 근심이
생기게 된다."

292

자신은 엄하게, 타인에게는 너그럽게

子曰 躬自厚而薄責於人이면 則遠怨矣니라
자 왈 궁 자 후 이 박 책 어 인   즉 원 원 의

공자께서 말씀하셨다.

"자신에 대해서는 스스로 엄중하게 책임을 추궁하고 다른 사람에 대해서는 가볍게 책임을 추궁하면 원망을 멀리할 수 있다."

 ## 의로운 일에 힘써라

子曰 群居終日에 言不及義오 好行小慧면 難矣哉라
자 왈 군 거 종 일   언 불 급 의   호 행 소 혜   난 의 재

공자께서 말씀하셨다.

"여럿이 하루 종일 모여 있으면서 하는 말이 의에 미치지 않고, 잔꾀나 잔재주를 부리려 한다면 사람 되기가 어려운 것이다!"

해설

하루 종일 쓸데없는 잡담으로 시간을 보내고, 사람과 사회를 위해 논하지 않으면 세월을 낭비하는 것이다. 주변에 이런 무리밖에 없다는 것이 얼마나 한심스러운 일인가를 지적한 동시에 제자들이 학문에 전념하지 않고 모여 떠들고 있는 것을 질책한 것이다.

군자는 의와 예와 겸손과 신의로 행동한다

子曰 君子義以爲質이오 禮以行之하며 孫以出之하며
자왈 군자의이위질   예이행지   손이출지

信以成之하나니 君子哉라
신이성지   군자재

공자께서 말씀하셨다.

"군자는 의를 바탕으로 삼고 예로써 행하며, 겸손한 몸가짐으로 드러
내고, 신의로써 이루어내는 것이다. 이것이 군자로다!"

 군자는 남이 알아주지 않음을 걱정하지 않는다

子曰 君子는 病無能焉이오 不病人之不己知也니라
자왈 군자   병무능언   불병인지불기지야

공자께서 말씀하셨다.

"군자는 자신의 능력 없음을 걱정할 뿐, 다른 사람이 자기를 알아주
지 않음을 걱정하지 않는다."

학문으로 이름을 알려라

子曰 君子는 疾沒世而名不稱焉이니라
자 왈 군 자　질 몰 세 이 명 불 칭 언

공자께서 말씀하셨다.

"군자는 세상을 떠난 후에 그 이름이 일컬어지지 않을까를 걱정한다."

해설

군자는 이름을 알리기 위해 학문을 하는 것이 아니다. 하지만 학문이 완성되면 자연스럽게 세상에 이름이 알려지는 것이다. 이름이 알려지지 않는 것은 생전에 좋은 일을 쌓거나 학문수양을 완성하지 못했기 때문이므로 이를 경계해야 한다는 것이다.

군자는 자신에게서 잘못을 찾는다

子曰 君子는 求諸己요 小人은 求諸人이니라
자 왈 군 자　구 저 기　소 인　구 저 인

공자께서 말씀하셨다.

"군자는 자기 자신에게서 잘못을 찾고 소인은 남에게서 잘못을 찾는다."

군자는 당파를 만들지 않는다

子曰 君子는 矜而不爭하며 群而不黨이니라
자왈 군자   긍이부쟁   군이부당

공자께서 말씀하셨다.
"군자는 긍지를 가지되 다투지 않으며, 여럿이 함께 어울리지만 당파를 만들지 않는다."

 ## 군자는 사람을 함부로 평가하지 않는다

子曰 君子는 不以言舉人하며 不以人廢言이니라
자왈 군자   불이언거인   불이인폐언

공자께서 말씀하셨다.
"군자는 말만 듣고 사람을 천거하지 않으며, 그 사람의 위상이 낮다 하여 그의 좋은 말까지 버리지 않는다."

내가 싫은 것은 남도 싫은 법이다

子貢問曰 有一言而可以終身行之者乎이까
자 공 문 왈 유 일 언 이 가 이 종 신 행 지 자 호

子曰 其恕乎인저 己所不欲을 勿施於人이라
자 왈 기 서 호   기 소 불 욕   물 시 어 인

자공이 물었다.

"한마디 말로 평생토록 지켜나갈 만한 것이 있습니까?"

공자께서 말씀하셨다.

"그것은 바로 서恕일 것이다! 자기가 원하지 않는 것을 남에게 행하
지 않는 것이다."

큰일을 위해 작은 일을 참는다

子曰 巧言은 亂德이오 小不忍은 則亂大謀니라
자왈 교언   난덕   소불인   즉난대모

공자께서 말씀하셨다.

"교묘한 말은 덕을 어지럽히고, 작은 일을 참지 못하면 큰일을 그르
친다."

무리에 휩쓸리지 말라

子曰 衆惡之라도 必察焉하며 衆好之라도 必察焉이니라
자왈 중오지   필찰언   중호지   필찰언

공자께서 말씀하셨다.

"여러 사람들이 미워하여도 반드시 잘 살펴보아야 하고, 여러 사람들
이 좋아하여도 반드시 잘 살펴보아야 한다."

사람이 도를 넓힌다

子曰 人能弘道요 非道弘人이니라
자왈 인능홍도　비도홍인

공자께서 말씀하셨다.

"사람이 도를 넓히는 것이지, 도가 사람을 넓히는 것이 아니다."

 ## 진정한 잘못

子曰 過而不改를 是謂過矣니라
자왈 과이불개　시위과의

공자께서 말씀하셨다.

"잘못을 저지르고도 고치지 않는 것, 이것이 바로 잘못이다."

사색과 배움

子曰 吾嘗終日不食하며 終夜不寢하여 以思하니
자 왈 오 상 종 일 불 식   종 야 불 침   이 사

無益이라 不如學也로다
무 익   불 여 학 야

공자께서 말씀하셨다.

"나는 일찍이 종일토록 먹지 않고 밤새도록 자지 않으면서 사색을 해
보았지만, 유익함이 없었고 배우는 것만 못했다."

해설

공자는 배우기만 하고 생각하지 않으면 어리석게 되고, 생각하기만 하고 배우지 않
으면 위험하게 된다고 하여 생각하는 것과 배우는 것의 관계를 강조했다.

군자는 가난을 걱정하지 않는다

子曰 君子는 謀道요 不謀食하나니 耕也에 餒在其中矣요
자왈 군자　모도　불모식　　　경야　뇌재기중의

學也에 祿在其中矣니 君子는 憂道요 不憂貧이니라
학야　녹재기중의　군자　우도　불우빈

공자께서 말씀하셨다.

"군자는 도를 추구할 뿐 먹을 것을 추구하지 않는다. 농사를 지어도
굶주림에 대한 걱정은 그 안에 있지만, 학문을 하면 벼슬길에 나아가
녹을 얻을 수 있다. 그러므로 군자는 도를 걱정하되 가난을 걱정하지
않는다."

해설

군자의 목적은 먹을 것이 아니라 도의 실현이다. 농사는 봄에 씨를 뿌리면 가을에 소
득을 거둘 수 있지만 학문이란 단시간에 결과물을 얻을 수 없다. 농사처럼 짧은 시간
내에 가시적인 수확을 거듭할 수 있는 일을 선호하는 당신의 풍조를 안타까워하며
길게 보고 학문에 정진할 것을 권고한 말이다.

백성을 예로 섬겨라

子曰 知及之라도 仁不能守之면 雖得之나 必失之니라
자왈 지급지   인불능수지   수득지   필실지

知及之하며 仁能守之라도 不莊以涖之면 則民不敬이니라
지급지   인능수지   부장이리지   즉민불경

知及之하며 仁能守之하며 莊以涖之라도
지급지   인능수지   장이리지

動之不以禮면 未善也니라
동지불이례   미선야

공자께서 말씀하셨다.

"지혜로써 나라를 얻었다 해도 인덕으로써 지키지 않으면 반드시 잃고 말 것이다. 지혜로써 나라를 얻고 인덕으로써 그것을 지켜낸다 할지라도 엄숙한 자세로 임하지 않으면 백성들이 존경하지 않을 것이다. 지혜로써 얻고 인으로써 그것을 지키며 엄숙한 자세로 임하더라도 백성들을 예로써 대하지 않는다면 잘된 것이라 할 수 없다."

각자의 역량이 있다

子曰 君子는 不可小知而可大受也요 小人은 不可大受而可小知也니라
자 왈 군 자 불 가 소 지 이 가 대 수 야   소 인   불 가 대 수 이 가 소 지 야

공자께서 말씀하셨다.
"군자는 작은 일은 잘 못해도 큰일은 맡아 할 수 있고, 소인은 큰일은
감당하지 못해도 작은 일은 잘할 수 있다."

 ## 적극적으로 인을 행하라

子曰 當仁하여는 不讓於師니라
자 왈 당 인   불 양 어 사

공자께서 말씀하셨다.
"인을 행함에 있어서는 스승에게도 양보하지 않는다."

인을 따르다 죽는 사람은 없다

子曰 民之於仁也에 甚於水火하니
자왈 민지어인야   심어수화

水火는 吾見蹈而死者矣어니와 未見蹈仁而死者也라
수화   오견도이사자의   미견도인이사자야

공자께서 말씀하셨다.

"백성들에게 인은 물과 불보다 더 중요하다. 나는 물에 빠지거나 불에 휩싸여 죽는 사람은 보았지만, 인을 따르다가 죽는 사람은 보지 못하였다."

해설

물과 불은 사람의 일상생활에 있어 필수불가결한 요소이다. 그러나 인은 이것들보다 더욱 긴요한 것이다. 인을 저버린다면 사람 구실을 할 수 없기 때문이다. 그러나 인도仁道의 구현을 위해 헌신하는 사람이 없는 현실을 공자는 개탄하고 있다.

군자는 고집하지 않는다

子曰 君子는 貞而不諒이니라
자 왈 군 자   정 이 불 량

공자께서 말씀하셨다.
"군자는 바른 길을 따를 뿐, 신념을 고집하지는 않는다."

해설

군자는 절조가 굳지만 시비곡직을 가리지 않고 집착하는 사람은 아니다. 그는 늘 도리에 맞는 것을 가려서 행하는 이성理性의 소유자이다.

차별하지 말라

子曰 有敎無類니라
자 왈 유 교 무 류

공자께서 말씀하셨다.
"나는 가르침에 있어서는 차별을 두지 않는다."

뜻이 다르면 도모하지 않는다

子曰 道不同이면 不相爲謀니라
자 왈 도 부 동   불 상 위 모

공자께서 말씀하셨다.

"추구하는 도가 같지 않으면 함께 일을 도모하지 않는다."

 말의 본질

子曰 辭는 達而已矣니라
자 왈 사   달 이 이 의

공자께서 말씀하셨다.

"말이란 그 뜻을 올바르게 전달하면 된다."

___
해설

말과 문장은 그 뜻을 제대로 전달하기만 하면 그만이다. 지나치게 수식에 치중하다
가는 도리어 내용을 왜곡할 수도 있다는 의미다.

계씨 季氏

이 편은 전쟁을 일삼는 노나라의 실권자 계씨가 전유를 무력으로 침략하려고 하자
이를 말리지 못한 제자 염유를 꾸짖은 내용과,
군자가 지키고 삼가야 할 계율들이 쓰여 있다.

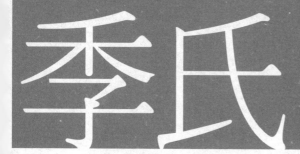

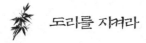
도리를 지켜라

季氏將伐顓臾러니 冉有季路見於孔子曰 季氏將有事於顓臾로소이다
계씨장벌전유   염유계로현어공자왈 계씨장유사어전유

孔子曰 求야 無乃爾是過與아 夫顓臾는 昔者先王以爲東蒙主하시고
공자왈 구   무내이시과여   부전유   석자선왕이위동몽주

且在邦域之中矣라 是社稷之臣也니 何以伐爲리오
차재방역지중의   시사직지신야   하이벌위

계씨가 전유를 정벌하려고 할 때, 염유와 계로가 공자에게 말했다.
"계씨가 장차 전유를 정벌하고자 합니다."
공자께서 말씀하셨다.
"구야, 너의 잘못 아니냐? 원래 전유는 옛날 선왕이 동몽산 제주로 삼
은 나라이며, 그 땅 역시 노나라에 있다. 노나라 사직의 신하인데 왜
정벌하려고 하느냐?"

해설

계씨(계강자)가 다른 나라(전유)를 공격할 때, 계씨의 가신 염유와 계로가 공자에게 보
고한 문장이다. 이에 공자는 계씨가 다른 나라를 침공하는 일은 부당한 것이라며 두
사람에게 타이른 것이다.

군주의 잘못은 곧 신하의 잘못이다

冉有曰 夫子欲之언정 吾二臣者는 皆不欲也로다
염유왈 부자욕지   오이신자   개불욕야

孔子曰 求야 周任有言曰 陳力就列하여 不能者止라 하니
공자왈 구   주임유언왈 진력취열   불능자지

危而不持하며 顚而不扶면 則將焉用彼相矣리오 且爾言過矣로다
위이부지   전이불부   즉장언용피상의   차이언과의

虎兕出於柙하며 龜玉毀於櫝中이면 是誰之過與아
호시출어합   귀옥훼어독중   시수지과여

염유가 말했다.

"계씨가 그렇게 하려는 것이지, 저희들은 원하지 않습니다."

공자께서 말씀하셨다.

"구야, 과거에 주임周任이 말하길 '힘을 다해 벼슬자리를 얻되 능력이
없으면 물러난다'고 했다. 위태로운데도 도와주지 않고, 넘어지는데
도 붙잡아주지 않는 신하가 왜 필요하겠느냐? 더구나 네 말이 잘못되
었다. 호랑이나 외뿔소가 우리에서 뛰쳐나오고, 거북껍질과 보옥이
궤 속에서 깨졌다면 이는 누구의 잘못이겠느냐?"

위정자가 걱정해야 할 것

子曰 丘也聞하니 有國有家者는 不患寡而患不均하며
자 왈 구 야 문   유 국 유 가 자   불 환 과 이 환 불 균

不患貧而患不安이라 하니
불 환 빈 이 환 불 안

蓋均이면 無貧이오 和면 無寡오 安이면 無傾이니라
개 균   무 빈   화 무 과   안   무 경

공자께서 말씀하셨다.

"내가 들은 바에 의하면 '나라를 다스리는 사람은 백성이나 토지가 적은 것을 걱정하지 않고, 혜택이나 분배가 고르지 않은 것을 걱정하며, 가난한 것을 걱정하지 않고, 평안하지 못한 것을 걱정한다'라고 했다. 대체로 분배가 고르면 가난하지 않고, 화목하면 백성이 적어지는 일이 없을 것이고, 평안하면 나라가 기울어지지 않을 것이다."

천하에 도가 행해지면 만사가 편안하다

孔子曰 天下有道면 則禮樂征伐이 自天子出하고
공자왈 천하유도 즉예악정벌 자천자출

天下無道면 則禮樂征伐이 自諸侯出하나니
천하무도 즉예악정벌 자제후출

自諸侯出이면 蓋十世에 希不失矣오
자제후출 개십세 희불실의

自大夫出이면 五世에 希不失矣오
자대부출 오세 희불실의

陪臣이 執國命이면 三世에 希不失矣니라
배신 집국명 삼세 희불실의

天下有道면 則政不在大夫하고
천하유도 즉정부재대부

天下有道면 則庶人不議하느니라
천하유도 즉서인불의

공자께서 말씀하셨다.

"천하에 도가 행해지면 예악과 정벌이 천자로부터 나오고, 천하에 도가 행해지지 않으면 예악과 정벌이 제후로부터 나오게 된다. 그것이 제후로부터 나오게 되면 대체로 10대 안에 정권을 잃지 않는 일이 드

312

물고, 그것이 대부로부터 나오게 되면 5대 안에 정권을 잃지 않는 일이 드물며, 가신이 나라의 대권을 잡으면 3대 안에 정권을 잃지 않는 일이 드물다. 천하에 도가 행해지면 정권이 대부에게 있을 리 없고, 천하에 도가 행해지면 뭇 백성들이 정치를 논하지 않는다."

해설

천하에 정도가 있으면 천자가 백성의 뜻을 실현하고, 제후가 천자의 뜻을 따르고, 대부는 제후의 뜻을 따르고, 가신은 대부의 뜻을 따르듯 모두 한 뜻이 된다는 것이다. 다시 말해 정치가 가신의 손에 넘어가면 백성들의 비판이 맹렬할 것이라는 말이다.

나라 패망의 원인

孔子曰 祿之去公室이 五世矣오 政逮於大夫가 四世矣니
공자왈 녹지거공실 오세의 정체어대부 사세의

故로 夫三桓之子孫이 微矣니라
고 부삼환지자손 미의

공자께서 말씀하셨다.

"관리 임명권이 노나라의 조정을 떠난 지가 5대가 되었고, 정권이 대부의 손에 들어간 지가 4대나 되었다. 그러므로 삼환의 자손들의 세력이 쇠약해지는 것이다."

유익한 벗과 해로운 벗

孔子曰 益者三友요 損者三友니
공 자 왈 익 자 삼 우   손 자 삼 우

友直하며 友諒하며 友多聞하면 益矣오
우 직   우 량   우 다 문   익 의

友便辟하며 友善柔하며 友便佞하면 損矣니라
우 편 벽   우 선 유   우 편 녕   손 의

공자께서 말씀하셨다.

"유익한 벗이 셋이 있고, 해로운 벗이 셋이 있다. 마음이 곧은 이와
성실한 이와 견문이 많은 이와 벗하면 유익하다. 편벽한 이와 아부하
는 이와 말을 잘 둘러대는 이와 사귀면 해롭다."

유익한 즐거움과 해로운 즐거움

孔子曰 益者三樂이오 損者三樂이니
공자왈 익자삼요   손자삼요

樂節禮樂하며 樂道人之善하며 樂多賢友면 益矣오
요절예악   요도인지선   요다현우   익의

樂驕樂하며 樂佚遊하며 樂宴樂이면 損矣니라
요교락   요일유   요연락   손의

공자께서 말씀하셨다.

"유익한 즐거움이 셋이 있고, 해로운 즐거움이 셋이 있다. 예악의 절
도를 따르기를 즐거워하고, 남의 착한 일을 말하기를 즐거워하며, 현
명한 벗을 많이 사귀기를 즐거워하면 유익하다. 교만한 쾌락에 빠지
기를 즐거워하고, 하는 일 없이 놀기만을 즐거워하며, 주색의 쾌락을
즐거워하면 해로울 뿐이다."

군주를 섬기는 태도

孔子曰 侍於君子에 有三愆하니 言未及之而言을 謂之躁요
공자왈 시어군자   유삼건   언미급지이언   위지조

言及之而不言을 謂之隱이오 未見顏色而言을 謂之瞽니라
언급지이불언   위지은   미견안색이언   위지고

공자께서 말씀하셨다.

"군주를 섬기는 데 있어서 저지르기 쉬운 세 가지 잘못이 있다. 군주
가 말을 하지 않았는데 먼저 말하는 것은 조급한 짓이고, 말할 차례
가 되었는데도 말하지 않는 것은 속을 감추는 짓이며, 군주의 안색을
살피지도 않고 성급하게 말함은 눈치가 없는 것이다."

군자가 경계할 세 가지

孔子曰 君子有三戒하니 少之時에 血氣未定이니 戒之在色이오
공 자 왈 군 자 유 삼 계   소 지 시   혈 기 미 정   계 지 재 색

及其壯也하여 血氣方剛이니 戒之在鬪요
급 기 장 야   혈 기 방 강   계 지 재 투

及其老也하여 血氣旣衰이니 戒之在得이니라
급 기 노 야   혈 기 기 쇠   계 지 재 득

공자께서 말씀하셨다.

"군자에게는 세 가지 경계해야 할 일이 있다. 젊을 때는 혈기가 아직
안정되지 않으므로 정욕을 경계해야 하고, 장년이 되어서는 혈기가
한창 왕성하니 싸움을 경계해야 하고, 늙어서는 혈기가 이미 쇠잔해
졌으니 탐욕을 경계해야 한다."

해설

공자는 평생 동안 경계해야 할 3가지 덕목을 말했는데, 이것을 공자의 '3계戒'라고
한다.

군자가 두려워할 세 가지

孔子曰 君子有三畏하니 畏天命하며 畏大人하며 畏聖人之言이니라
공자왈 군자유삼외   외천명   외대인   외성인지언

小人은 不知天命而不畏也하며 狎大人하며 侮聖人之言이니라
소인   부지천명이불외야   압대인   모성인지언

공자께서 말씀하셨다.

"군자에게는 세 가지 두려워해야 할 일이 있다. 천명을 두려워해야
하고, 큰 인물을 두려워해야 하며, 성인의 말씀을 두려워해야 한다.
소인은 천명을 알지 못하므로 두려워하지 않고, 큰 인물을 예사로 알
고 존경치 않으며, 성인의 말씀을 업신여기는 것이다."

스스로 아는 사람이 으뜸

孔子曰 生而知之者는 上也요 學而知之者는 次也요
공자왈 생이지지자   상야   학이지지자   차야

困而學之는 又其次也니 困而不學이면 民斯爲下矣니라
곤이학지   우기차야   곤이불학   민사위하의

공자께서 말씀하셨다.

"태어나면서부터 스스로 아는 사람이 으뜸이고, 배워서 아는 사람이
그 다음이며, 곤궁한 뒤에 배우는 사람이 그 다음이다. 곤궁해도 배우
지 않는 사람이 가장 못난 것이다."

군자가 마음에 새겨야 할 아홉 가지

孔子曰 君子有九思하니 視思明하며 聽思聰하며 色思溫하며
공자왈 군자유구사   시사명   청사총   색사온

貌思恭하며 言思忠하며 事思敬하며
모사공   언사충   사사경

疑思問하며 忿思難하며 見得思義니라
의사문   분사난   견득사의

공자께서 말씀하셨다.

"군자가 마음에 새겨두어야 할 아홉 가지가 있다. 사물을 볼 때는 명
확하게 보고, 들을 때는 분명히, 얼굴빛은 온화하게 하며, 태도는 공
손하게, 말할 때는 진중하게, 일을 할 때는 신중하게, 의심이 날 때는
질문을 주저하지 말고, 화가 날 때는 후환을 염두에 두고, 이익을 보
게 되면 정당한 것인지 생각해 보아야 한다."

의를 올바르게 행하기는 어렵다

孔子曰 見善如不及하며 見不善如探湯을 吾見其人矣요 吾聞其語矣로라
공 자 왈 견 선 여 불 급   견 불 선 여 탐 탕   오 견 기 인 의   오 문 기 어 의

隱居以求其志하며 行義以達其道를
은 거 이 구 기 지   행 의 이 달 기 도

吾聞其語矣요 未見其人也로라
오 문 기 어 의   미 견 기 인 야

공자께서 말씀하셨다.

"선한 일을 보면 마치 거기에 미치지 않아 안타까운 듯 간절하게 추구하고, 선하지 않은 일을 보면 끓는 물에 손을 넣은 듯 재빨리 피해야 한다고 했다. 나는 그런 사람을 보았고 그런 말도 들었다. 숨어 삶으로써 자신이 뜻하는 바를 추구하고, 의로움을 실천함으로써 자신의 도를 달성해야 한다고 했다. 나는 그런 말은 들었지만 아직 그렇게 하는 사람은 보지 못하였다."

제17장

양화 陽貨

이 편은 도를 잃어가는 세상에서
사람들이 도덕적으로 점점 타락해가는 내용이 많이 쓰여 있다.
자신의 반역을 정당화하기 위해 공자를 끌어들이려는 양화 陽貨의 회유와
그것을 의연하게 물리치는 공자의 답변이 수록되었다.

陽貨

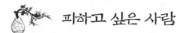 피하고 싶은 사람

陽貨欲見孔子한대 孔子不見하신대 歸孔子豚이어늘
양 화 욕 견 공 자　　공 자 불 견　　　귀 공 자 돈

孔子時其亡也하여 而往拜之러시니 遇諸塗하시다
공 자 시 기 무 야　　이 왕 배 지　　　우 저 도

양화가 공자를 만나기를 청했다. 공자께서 가지 않으시자 양화는 공
자께 돼지를 선물로 보냈다. 공자께서는 양화가 없는 틈을 타서 답례
하러 갔는데 공교롭게도 길에서 마주쳤다.

해설

양화陽貨는 노나라의 실권자로 권력의 절정에 있었던 사람이다. 그는 노나라의 정권
을 찬탈하려고 하다가 끝내 뜻을 이루지 못하고 진나라로 도망쳤다. 공자는 양화를
만나기는 싫었지만 선물을 받고 답례를 하지 않을 수 없어 일부러 그가 없는 틈을
타서 인사를 갔던 것이다.

지금은 때가 아니다

謂孔子曰 來하라 予與爾言하리라
위 공 자 왈 래   여 여 이 언

曰 懷其寶而迷其邦을 可謂仁乎아
왈 회 기 보 이 미 기 방   가 위 인 호

曰 不可니라
왈 불 가

好從事而亟失時를 可謂知乎아
호 종 사 이 기 실 시   가 위 지 호

曰 不可니라
왈 불 가

日月逝矣라 歲不我與니라
일 월 서 의   세 불 아 여

孔子曰 諾다 吾將仕矣러라
공 자 왈 낙   오 장 사 의

양화가 공자께 말했다.

"이리 오시오. 당신에게 하고 싶은 말이 있소. 자신의 재능을 품에 감
추고 나라가 어지러울 때 가만히 있으면 어질다고 할 수 있겠소?"

"할 수 없습니다."

"정치에 종사하기를 좋아하면서 기회를 놓치는 것을 지혜롭다고 할 수 있겠소?"

"할 수 없습니다."

"날이 가고 달이 가는 것처럼 세월은 사람을 기다려 주지 않는다오."

공자께서 말씀하셨다.

"네, 나도 장차 벼슬을 할 것입니다."

해설

이렇게 추상적인 말을 함으로써 양화와의 논쟁을 피하고자 한 것으로, 장차 적당한 때가 되면 벼슬한다는 뜻이지, 양화 아래에서 벼슬하겠다는 뜻이 아니다. 공자는 원래 벼슬 자체를 거부한 사람은 아니지만 그 뒤로도 양화 아래에서 벼슬을 한 적은 없었다.

사람은 배우고 익힘에 따라 달라진다

子曰 性相近也나 習相遠也니라
자왈 성상근야   습상원야

공자께서 말씀하셨다.

"사람의 타고난 성품은 서로 비슷하지만, 배우고 익힘에 따라 서로
달라지고 멀어진다."

 ## 변하지 않는 것

子曰 唯上知與下愚는 不移니라
자왈 유상지여하우   불이

공자께서 말씀하셨다.

"가장 지혜로운 사람과 가장 어리석은 사람은 절대로 변하지 않는다."

해설

사람은 타고난 소질에는 별 차이가 없다. 교육이나 환경이나 학습 등으로 달라지는
것이다. 그러나 분명 뛰어넘을 수 없는 차이는 있다. 공자는 이 문장에서 가장 지혜
로운 사람과 가장 어리석은 사람은 반드시 넘지 못하는 장벽이 있다는 것을 말하고
있다.

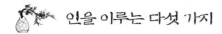# 인을 이루는 다섯 가지

子張이 問仁於孔子한대 孔子曰 能行五者於天下면 爲仁矣니라
자장   문인어공자   공자왈 능행오자어천하   위인의

請問之한대 曰 恭寬信敏惠니 恭則不侮하고 寬則得衆하고
청문지   왈 공관신민혜   공즉불모   관즉득중

信則人任焉하고 敏則有功하고 惠則足以使人이니라
신즉인임언   민즉유공   혜즉족이사인

자장이 공자에게 인에 대해서 묻자, 공자께서 말씀하셨다.
"천하에 다섯 가지 덕목을 행할 수 있으면 그것이 곧 인이 된다."
"청컨대, 그 내용을 여쭙고 싶습니다."
"공손함, 관대함, 믿음직스러움, 민첩함, 은혜로움이 그것이다. 공손
하면 업신여김을 당하지 않고, 관대하면 많은 사람의 마음을 얻으며,
믿음직스러우면 사람들이 신임하게 되고, 민첩하면 공을 쌓게 되고,
은혜로우면 다른 사람들을 부릴 수 있게 된다."

子曰 由也아 女聞六言六蔽矣乎아
자 왈 유 야   여 문 육 언 육 폐 의 호

對曰 未也로다
대 왈 미 야

居하라 吾語女하리라
거   오 어 녀

好仁不好學이면 其蔽也愚오 好知不好學이면 其蔽也蕩이오
호 인 불 호 학   기 폐 야 우   호 지 불 호 학   기 폐 야 탕

好信不好學이면 其蔽也賊이오 好直不好學이면 其蔽也絞오
호 신 불 호 학   기 폐 야 적   호 직 불 호 학   기 폐 야 교

好勇不好學이면 其蔽也亂이오 好剛不好學이면 其蔽也狂이니라
호 용 불 호 학   기 폐 야 난   호 강 불 호 학   기 폐 야 광

공자께서 말씀하셨다.

"유야, 너는 여섯 가지 덕목과 그것들을 가리는 여섯 가지 폐단에 관

해서 들어보았느냐?"

자로가 대답하였다.

"아직 들어보지 못하였습니다."

"거기 앉거라. 내가 네게 말해주마. 인을 좋아하되 배우기를 좋아하

지 않으면 그 폐단은 어리석게 된다. 지혜로움을 좋아하되 배우기를 좋아하지 않으면 그 폐단은 허황하게 된다. 신의를 좋아하되 배우기를 좋아하지 않으면 그 폐단은 남을 해치게 된다. 정직함을 좋아하되 배우기를 좋아하지 않으면 그 폐단은 각박하게 된다. 용맹스럽기를 좋아하되 배우기를 좋아하지 않으면 그 폐단은 난폭하게 된다. 굳센 것을 좋아하되 배우기를 좋아하지 않으면 그 폐단은 광기를 부리게 된다."

시경을 공부해야 하는 이유

子曰 小子는 何莫學夫詩오
자왈 소자   하막학부시

詩는 可以興이며 可以觀이며 可以群이며 可以怨이며
시   가이흥   가이관   가이군   가이원

邇之事父며 遠之事君이오 多識於鳥獸草木之名이니라
이지사부   원지사군   다식어조수초목지명

공자께서 말씀하셨다.

"너희들은 왜 시경을 공부하지 않느냐? 시경을 배우면 그것으로 감
흥을 불러일으킬 수 있고, 인정과 풍속을 살필 수 있으며, 여러 사람
들과 잘 어울릴 수 있고, 사리에 어긋나지 않게 원망할 수 있게 된다.
가까이로는 그것을 본받아 어버이를 섬기고, 멀리는 임금을 섬기는
도리를 배우게 하며, 또한 새와 짐승과 풀과 나무의 이름에 대해서도
많이 알게 된다."

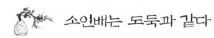 소인배는 도둑과 같다

子曰 色厲而內荏을 譬諸小人컨대 其猶穿窬之盜也與라
자 왈 색 려 이 내 임　비 제 소 인　　기 유 천 유 지 도 야 여

공자께서 말씀하셨다.

"얼굴빛은 위엄이 있으면서도 속으로는 나약한 사람을 소인배에
비유한다면 그것은 마치 벽을 뚫고 담을 뛰어넘는 도둑과 같은 것
이리라!"

해설

벼슬에 자격이 없는 자가 자리에 앉아 있는 것을 비난한 것이다. 이런 사람은 겉으로
는 믿음직스럽지만 자신의 무능함을 숨기기 위해 항상 마음을 졸일 것이다. 이것은
도둑이 자신의 죄가 탄로날까봐 두려움에 떨고 있는 것과 같은 것이다.

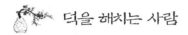 덕을 해치는 사람

子曰 鄕原은 德之賊也니라
자 왈 향 원   덕 지 적 야

공자께서 말씀하셨다.

"시세에 영합하면서 겉으로만 점잖고 성실한 듯이 행동하여 마을 사
람들에게 인정받는 사람은 큰 덕을 해치는 도둑이다."

해설

향원鄕原은 매사에 옳고 그름을 분명하게 따지지 않고 시속에 맞추어 두루뭉술하게
삶으로써 온 고을 사람들의 칭송을 받는 사람을 말한다. 뚜렷한 가치관이 없고 삶의
태도가 진지하지 않아 위선적인 사람이라는 의미를 담고 있다. 사람은 분명한 원칙
을 가지고 선악을 판단하며, 또 그에 따라 분명한 태도를 취해야 한다는 뜻이다.

말을 함부로 옮기지 말라

子曰 道聽而塗說이면 德之棄也니라
자 왈 도 청 이 도 설   덕 지 기 야

공자께서 말씀하셨다.

"길에서 들은 이야기를 다시 그대로 길에서 이야기하는 것은 덕을 버리는 것과도 같다."

해설

군자는 자신의 수양을 통하여 자신의 주관에 의해 들은 것을 판단하고 신중하게 말해야 한다. 길에서 떠도는 말만 듣고 옮기면 안 된다는 것이다.

비열한 아가 욕심을 품으면 거리낄 것이 없다

子曰 鄙夫는 可與事君也與哉아 其未得之也엔 患得之하고
자 왈 비 부　가 여 사 군 야 여 재　기 미 득 지 야　환 득 지

既得之에는 患失之하나니 苟患失之면 無所不至矣니라
기 득 지　환 실 지　구 환 실 지　무 소 부 지 의

공자께서 말씀하셨다.

"비열한 사람과 함께 임금을 섬길 수 있겠는가? 이런 자는 벼슬을
얻지 못하면 어떻게 얻을까 근심하며, 또한 벼슬을 얻고 나서는 잃
을까 근심한다. 진실로 잃을까 근심하게 되면 못하는 짓이 없게 될
것이다."

 머리를 쉬게 하지 말라

子曰 飽食終日하여 無所用心이면 難矣哉라
자왈 포식종일　　무소용심　　난의재

不有博奕者乎아 爲之猶賢乎已니라
불유박혁자호　　위지유현호이

공자께서 말씀하셨다.

"하루 종일 배불리 먹고 마음 쓰는 바가 없다면 참으로 딱한 일이다.
장기나 바둑이라는 것이 있지 않느냐? 차라리 그런 것이라도 하는 것
이 하지 않는 것보다 낫다."

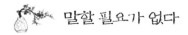 말할 필요가 없다

子曰 予欲無言하노라
자 왈 여 욕 무 언

子貢曰 子如不言이시면 則小子何述焉이리이까
자 공 왈 자 여 불 언   즉 소 자 하 술 언

子曰 天何言哉시리오
자 왈   천 하 언 재

四時行焉하며 百物生焉하나니 天何言哉시리오
사 시 행 언   백 물 생 언   천 하 언 재

공자께서 말씀하셨다.
"나는 말을 하지 않으련다."
자공이 말했다.
"선생님께서 말씀을 하시지 않으면 저희들이 어떻게 선생님의 뜻을
전하겠습니까?"
공자께서 말씀하셨다.
"하늘이 무엇을 말하더냐? 사철이 운행하고 만물이 생겨나지만 하늘
이 무엇을 말하더냐?"

하늘은 사시를 운행하고 만물을 자라게 하며 감싸준다. 이렇게 위대한 일을 하면서
도 아무런 말이 없다. 사람도 이와 같은 하늘의 섭리를 본받아야 한다. 즉 말없이 선
행을 쌓고 의미 있는 일을 위해 애쓴다. 이렇게 도는 말보다는 실천을 통해 구현될
수 있는 것이다.

용맹에도 의로움이 따라야 한다

子路曰 君子尙勇乎이까
자로왈 군자상용호

子曰 君子義以爲上이니 君子有勇而無義면 爲亂이오
자왈 군자의이위상   군자유용이무의   위란

小人이 有勇而無義면 爲盜니라
소인   유용이무의   위도

자로가 물었다.

"군자는 용맹스러움을 숭상합니까?"

공자께서 말씀하셨다.

"군자는 의로움을 으뜸으로 여긴다. 군자가 용맹스러움만 있고 의로
움이 없으면 난을 일으키게 되고, 소인이 용맹스러움만 있고 의로움
이 없으면 도둑질을 하게 된다."

군자가 미워하는 것

子貢이 曰 君子亦有惡乎이까
자공   왈 군자역유오호

子曰 有惡하니 惡稱人之惡者하며 惡居下流而訕上者하며
자왈 유오   오칭인지악자   오거하류이산상자

惡勇而無禮者하며 惡果敢而窒者니라
오용이무례자   오과감이질자

자공이 물었다.

"군자도 미워하는 것이 있습니까?"

공자께서 말씀하셨다.

"미워하는 것이 있다. 다른 사람의 허물을 떠들어대는 것을 미워하고, 아랫사람이 윗사람을 비방하는 것을 미워하고, 용맹스럽기만 하고 예의를 모르는 것을 미워하고, 과감하기만 하고 꽉 막혀 융통성이 없는 것을 미워한다."

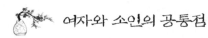 여자와 소인의 공통점

子曰 唯女子與小人이 爲難養也니
자 왈 유 여 자 여 소 인   위 난 양 야

近之則不孫하고 遠之則怨이니라
근 지 즉 불 손   원 지 즉 원

공자께서 말씀하셨다.

"여자와 소인은 다루기가 어렵다. 가까이하면 불손해지고 멀리하면
원망한다."

 마흔에 이루어야 할 것

子曰 年四十而見惡焉이면 其終也已니라
자 왈 연 사 십 이 견 오 언   기 종 야 이

공자께서 말씀하셨다.

"나이 사십이 되어서도 남에게 미움을 받는다면 그 사람은 끝난 것이다."

해설

나이 사십이면 인생의 쓰고 단맛을 어지간히 맛보았다고 할 수 있다. 또한 젊은 날의
객기나 잘못도 깨달을 수 있는 때이다. 이와 같은 삶의 원숙기에 원만하게 처신하지
못하여 남들의 미움을 받는다면 그의 삶은 실패작이라고 할 수밖에 없다는 것이다.

제18장

미자 微子

이 편은 대부분 성인이나 현인들에 관한 일화가 많다.
성인이나 현인들의 출사出仕와 은퇴를 기술하고
공자의 현실 참여 및 개혁사상을 부각시킨 글들이 많다.

微子

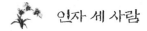 인자 세 사람

微子는 去之하고 箕子는 爲之奴하며 比干은 諫而死하나니
미 자   거 지   기 자   위 지 노   비 간   간 이 사

孔子曰 殷有三仁焉하니라
공 자 왈   은 유 삼 인 언

미자는 떠나버렸고, 기자는 노예가 되었으며, 비간은 간하다가 죽었
다. 공자께서 말씀하셨다.
"은나라에는 세 명의 인자가 있었다."

해설

미자微子는 은나라의 마지막 임금인 주왕紂王의 형이다. 그의 모친이 아직 제을帝乙
의 첩일 때 그를 낳았고, 그뒤 본처가 되고 나서 주왕을 낳았기 때문에 비록 동생이
지만 주왕이 왕위를 이어받았다. 그는 주왕이 무도한 것을 보고 여러 차례 간했으나
소용이 없자 주나라로 가버렸다. 은나라가 망한 후 주나라 무왕에 의하여 송나라의
제후로 봉해졌다.

기자箕子는 주왕의 숙부로, 그의 무도함을 보고 여러 차례 간하다가 듣지 않자 미치
광이를 가장하여 그의 종 노릇을 했다.

비간比干 역시 주왕의 숙부로, 주왕의 무도함을 끝까지 간하다가 주왕에게 죽임을
당했다. 그가 극구 간하자 주왕은 성인의 심장에는 일곱 개의 구멍이 있다고 하더라
면서 그의 심장을 도려내어 죽이는 잔악무도한 짓을 했다고 한다.

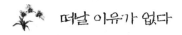 떠날 이유가 없다

柳下惠爲士師하여 三黜이어늘 人이 曰 子未可以去乎아
유 하 혜 위 사 사   삼 출   인   왈 자 미 가 이 거 호

曰 直道而事人이면 焉往而不三黜이며
왈 직 도 이 사 인   언 왕 이 불 삼 출

枉道而事人이면 何必去父母之邦이리오
왕 도 이 사 인   하 필 거 부 모 지 방

유하혜는 노나라의 재판관을 하다가 세 번이나 쫓겨났다. 그러자 어
떤 사람이 물었다.
"당신은 이런 나라를 떠나버릴 만하지 않습니까?"
유하혜가 대답했다.
"올바른 도리에 따라 남을 섬긴다면 어디에 간들 세 번 쫓겨나지 않
겠소? 도를 굽혀 남을 섬길 양이면 굳이 부모의 나라를 떠날 필요가
있겠소?"

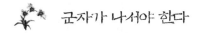

군자가 나서야 한다

子路曰 不仕無義하니 長幼之節을 不可廢也니
자 로 왈 불 사 무 의   장 유 지 절   불 가 폐 야

君臣之義를 如之何其廢之리오 欲潔其身而亂大倫이로다
군 신 지 의   여 지 하 기 폐 지   욕 결 기 신 이 란 대 륜

君子之仕也는 行其義也니 道之不行은 已知之矣시니라
군 자 지 사 야   행 기 의 야   도 지 불 행   이 지 지 의

자로가 말하였다.

"관직에 나가지 않는 것은 의로운 일이 아니다. 어른과 아이 사이의
예절도 버릴 수 없는데, 어찌 임금과 신하 사이의 의를 저버릴 수 있겠
는가? 그것은 자신의 몸만을 깨끗이 하려다 큰 윤리를 어지럽히는 일
이다. 군자가 관직에 나가는 것은 군신의 의를 지키고자 함이다. 다만
바른 도리가 행해지지 않는 줄이야 이미 알고 있었다."

해설

자로는 천하가 혼란한 가운데 자신만이 결백하다며 세상을 버리고 은자가 되어 세
상을 비웃는 것은 군신의 큰 뜻을 배신하는 것이라고 보았다. 자로는 자신처럼 지식
과 덕을 쌓은 사람이 벼슬자리에 올라 큰 뜻을 실현하는 것을 옳다고 생각했다. 그래
서 벼슬하지 않는 은자를 의가 없는 사람이라고 비판한 것이다.

반드시 그럴 필요는 없다

逸民은 伯夷와 叔齊와 虞仲과 夷逸과 朱張과 柳下惠와 少連이니라
일민　백이　숙제　우중　이일　주장　유하혜　소련

子曰 不降其志하며 不辱其身은 伯夷叔齊與인저
자 왈 불 강 기 지　　불 욕 기 신　　백 이 숙 제 여

謂柳下惠少連하시되 降志辱身矣나
위 유 하 혜 소 련　　　강 지 욕 신 의

言中倫하며 行中慮하니 其斯而已矣니라
언 중 륜　　행 중 려　　기 사 이 이 의

謂虞仲夷逸하시되 隱居放言하나 身中淸하며 廢中權이니라
위 우 중 이 일　　　은 거 방 언　　신 중 청　　폐 중 권

我則異於是하여 無可無不可하라
아 즉 이 어 시　　무 가 무 불 가

세상을 피해 숨어 산 인재로는 백이·숙제·우중·이일·주장·유
하혜와 소련이 있다.

공자께서 말씀하셨다.

"자신의 뜻을 굽히지 않고 그 몸을 욕되게 하지 않은 사람은 백이와
숙제로다! 유하혜와 소련은 비록 뜻을 굽히고 몸을 욕되게 하였으나
말이 이치에 맞고 행동은 생각과 일치하였으니, 그들은 그렇게 했을

뿐이다. 우중과 이일은 숨어 살면서 하고 싶은 말을 다 하였으나 몸가짐이 깨끗했고 세속을 떠난 것이 시의에 적절하였다. 그러나 나는 이들과 달라서 반드시 그래야만 한다는 것도 없고, 그래서는 안 된다고 하는 것도 없다."

해설

이 문장은 덕은 있지만 정치나 사회가 싫어 은둔한 위인들에 대한 인물평이다. 공자는 백이와 숙제는 지조를 지키고 몸을 깨끗이 한 인물로 평했다. 유하혜와 소련은 뜻을 굽히며 몸을 더럽혔지만 언행만큼은 최고로 평했다. 우중과 이일은 은둔하면서 제멋대로 망언했지만 적절한 시기에 벼슬을 버렸다고 평했다. 하지만 공자는 이들과 달리 도의의 실현을 위하여 벼슬을 하는 것이 좋을 상황이면 벼슬을 하고, 벼슬을 하는 것이 적절치 않을 상황이면 물러나는 것이지, 자신은 고지식하게 원칙을 내세우지 않는다고 한 것이다.

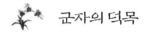 군자의 덕목

周公이 謂魯公曰 君子不施其親하며 不使大臣으로 怨乎不以하며
주공   위노공왈 군자불시기친   불사대신   원호불이

故舊無大故則不棄也하며 無求備於一人이니라
고구무대고즉불기야   무구비어일인

주공이 그의 아들 노공에게 말했다.

"군자는 자기의 친족을 소홀히 대하지 않으며, 대신들로 하여금 자신
을 써주지 않는다고 원망하게 만들지 않으며, 오래도록 함께 일해 온
사람은 큰 잘못이 없는 한 버리지 않으며, 한 사람에게 온갖 재능이
다 갖춰져 있기를 바라지 않는다."

제19장

자장 子張

이 편에서는 공자의 제자들의 말을 발췌하여 수록하였다.
그중에서 자하子夏에 관한 글이 가장 많다.

子張

선비의 자격

子張曰 士見危致命하며 見得思義하며
자 장 왈 사 견 위 치 명   견 득 사 의

祭思敬하며 喪思哀면 其可已矣니라
제 사 경   상 사 애   기 가 이 의

자장이 말하였다.

"선비는 위태로움을 보면 자신의 목숨을 바치고, 이익이 되는 일이
눈앞에 나타나면 도리에 맞는 일인지를 생각해야 한다. 제사를 지낼
때는 자신의 태도가 공경스러운가를 생각하고, 상을 당했을 때 슬픔
을 다하려고 한다면 선비로서의 기본적인 자격을 갖춘 것이다."

도를 익히려면 제대로 익혀라

子張曰 執德不弘하며 信道不篤이면 焉能爲有며 焉能爲亡리오
자 장 왈 집 덕 불 홍   신 도 부 독   언 능 위 유   언 능 위 무

자장이 말하였다.

"덕을 지녔으나 넓히지 못하고, 도를 믿으나 두텁지 못하다면 무엇으로 덕과 도가 있다고 하겠으며 또 어찌 없다고 하겠는가?"

해설

이 문장은 지켜야 할 덕은 가능한 넓게, 도를 수양했다면 철저하게 믿어야 한다는 것이다. 하지만 덕이나 도가 실제로 나타나지 않는다면 지녔다고 할 수가 없다. 그렇기 때문에 그것에 대한 유무나 경중을 논할 가치가 없다. 즉 있으나 없으나 하다는 의미이다.

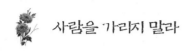
사람을 가리지 말라

子張曰 君子는 尊賢而容衆하며 嘉善而矜不能이니
자장왈 군자 존현이용중 가선이긍불능

我之大賢與인대 於人에 何所不容이며
아지대현여 어인 하소불용

我之不賢與인대 人將拒我니 如之何其拒人也리오
아지불현여 인장거아 여지하기거인야

자장이 말하였다.

"군자는 현명한 사람을 존중하지만 일반 대중들도 포용하며, 선한 사람을 칭찬하지만 능력이 없는 사람도 불쌍히 여긴다. 만약 내가 크게 현명하면 어찌 사람들을 다 포용하지 못하겠는가? 내가 만일 현명하지 못하다면 다른 사람이 나를 멀리 할 것인데, 어찌 다른 사람을 멀리 할 수 있겠는가?"

군자는 학문과 인격 수양에만 전념한다

子夏曰 雖小道나 必有可觀者焉이어니와
자 하 왈 수 소 도　　필 유 가 관 자 언

致遠恐泥라 是以로 君子不爲也니라
치 원 공 니　　시 이　　군 자 불 위 야

자하가 말하였다.

"비록 작은 기예일지라도 거기에는 반드시 볼 만한 것이 있을 것이지만, 원대한 뜻을 이루는 데 방해가 될까 염려되므로 군자는 그런 것들을 하지 않는다."

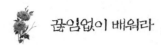 끊임없이 배워라

子夏曰 日知其所亡하며 月無忘其所能이면
자 하 왈 일 지 기 소 무   월 무 망 기 소 능

可謂好學也已矣니라
가 위 호 학 야 이 의

자하가 말하였다.

"날마다 자신이 알지 못하던 것을 알게 되고, 달마다 자신이 할 수 있
던 것을 잊지 않는다면 가히 배우기를 좋아한다고 할 수 있다."

해설

끊임없이 새로운 것을 배우고, 알고 있던 것도 반복하여 익히는 것이야말로 진정한
배움의 자세라는 것이다.

뜻을 두텁게 다지면 인은 절로 생긴다

子夏曰 博學而篤志하며 切問而近思하면 仁在其中矣니라
자 하 왈 박 학 이 독 지   절 문 이 근 사   인 재 기 중 의

자하가 말하였다.
"널리 배워서 뜻을 두텁게 하고, 간절히 물어 가까운 것부터 생각한
다면 인은 그 가운데 있게 될 것이다."

 각자의 역할이 있다

子夏曰 百工이 居肆하여 以成其事하고 君子學하여 以致其道니라
자 하 왈 백 공   거 사   이 성 기 사   군 자 학   이 치 기 도

자하가 말하였다.
"모든 기술자들은 작업장에서 열심히 일함으로써 그들의 일을 성취
하지만, 군자는 학문을 가지고 도를 실천한다."

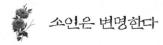 소인은 변명한다

子夏曰 小人之過也는 必文이니라
자 하 왈　소 인 지 과 야　　필 문

자하가 말하였다.

"소인은 잘못을 저지르면 반드시 변명한다."

해설

사람은 누구나 잘못을 저지르게 마련이다. 중요한 것은 그것을 뉘우치고 고치려 하는 태도 여부이다. 그러나 소인은 잘못을 반성하기는커녕 속임수와 변명으로 일관한다. 이렇게 해서는 아무런 발전이 없다. 모름지기 사람은 허물을 뉘우치고 고치려 하는 자세에서 참다운 인격 형성을 이루게 되는 것이다.

군자의 면모

子夏曰 君子有三變하니 望之儼然하고 卽之也溫하고 聽其言也厲니라
자 하 왈 군 자 유 삼 변　　 망 지 엄 연　　 즉 지 야 온　　 청 기 언 야 려

자하가 말하였다.
"군자에게는 세 가지 다른 면이 있다. 그를 멀리서 바라보면 위엄이
있고, 가까이 대해 보면 온화하며, 그의 말을 들어보면 옳고 그름이
명확하다."

 규범에도 융통성이 필요하다

子夏曰 大德이 不踰閑이면 小德은 出入이라도 可也니라
자 하 왈 대 덕　 불 유 한　　 소 덕　 출 입　　　 가 야

자하가 말하였다.
"큰 덕목이 그 규범의 한계를 넘지 않으면 사소한 덕목은 융통성을
두어도 괜찮다."

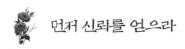 먼저 신뢰를 얻으라

子夏曰 君子信而後에 勞其民이니 未信則以爲厲己也니라
자하왈 군자신이후   노기민   미신즉이위여기야

信而後에 諫이니 未信則以爲謗己也니라
신이후   간   미신즉이위방기야

자하가 말하였다.

"군자는 백성들의 신뢰를 얻은 후에 그 백성들을 부려야 한다. 미처
신뢰를 얻지 못한 상태에서 백성들을 부리면 자기들을 학대한다고
생각한다. 윗사람에게는 신임을 받은 후에 간언을 해야 한다. 신임을
받지 못한 상태에서 간언하면 자기를 비방한다고 생각한다."

배움을 멈추지 말라

子夏曰 仕而優則學하고 學而優則仕니라
자 하 왈 사 이 우 즉 학   학 이 우 즉 사

자하가 말하였다.

"벼슬을 하면서 여유가 있으면 학문을 닦고, 학문을 닦으면서 여유가
있으면 벼슬을 한다."

해설

실제로 소용되는 학문을 해야 한다. 학문을 닦아 실생활에 적용하는 것은 필요한 일
이며, 따라서 벼슬에 나아가기 전에 학문을 닦음은 물론 벼슬에 종사하는 동안에도
틈틈이 학문을 닦아야 한다는 것이다.

 슬픔을 다하라

子游曰 喪은 致乎哀而止니라
자 유 왈 상   치 호 애 이 지

자유가 말하였다.

"상을 당해서는 슬픔을 다하면 된다."

자장의 부족

曾子曰 堂堂乎張也여 難與並爲仁矣로다
증자왈 당당호장야   난여병위인의

증자가 말하였다.

"당당하구나, 자장은! 그러나 그와 함께 인을 실천하기는 어렵겠구나."

해설

자장은 용모와 풍채가 매우 훌륭하고 대장부답지만 외모를 꾸미기 좋아하며 내적인
면에서는 수양이 부족해 순수하지 못했다. 이를 선배 증자가 걱정하는 말이다.

부모의 상에는 진심이 우러난다

曾子曰 吾聞諸夫子하니 人未有自致者也나 必也親喪乎인저
증자왈 오문제부자   인미유자치자야   필야친상호

증자가 말하였다.

"내가 선생님께 들으니 사람은 스스로 정성을 다하지 못하는 경우가
있지만 부모의 상을 당하여서만은 반드시 자신의 정성을 다한다고
하셨다."

군자의 행동은 이목을 산다

子貢曰 君子之過也는 如日月之食焉이라
자공왈 군자지과야   여일월지식언

過也에 人皆見之하고 更也에 人皆仰之니라
과야   인개견지   경야   인개앙지

자공이 말하였다.

"군자의 잘못은 일식이나 월식과 같다. 잘못을 저지르면 사람들이 모두 그를 바라보고, 잘못을 고치면 사람들이 모두 우러러본다."

제20장

요왈 堯曰

『논어』의 마지막 편으로 그 체제가 매우 특이하다.
공자의 말이나 제자들의 말을 발췌한 것과 달리
『논어』를 총괄하려는 의도에서 편찬된 것으로 보인다.

堯曰

백성에게 은혜를 베풀어라

堯曰 咨라 爾舜아 天之歷數在爾躬하니 允執其中하라
요왈 자 이순 천지역수재이궁 윤집기중

四海困窮하면 天祿永終하리라
사해곤궁 천록영종

舜이 亦以命禹하시니라
순 역이명우

曰 予小子履는 敢用玄牡하여 敢昭告于皇皇后帝하노니
왈 여소자리 감용현모 감소고우황황후제

有罪를 不敢赦하며 帝臣不蔽니 簡在帝心이니다
유죄 불감사 제신불폐 간재제심

朕躬有罪는 無以萬方이오 萬方有罪는 罪在朕躬하니라
짐궁유죄 무이만방 만방유죄 죄재짐궁

周有大賚하니 善人이 是富하니라
주유대뢰 선인 시부

雖有周親이나 不如仁人이오 百姓有過在予一人이니라
수유주친 불여인인 백성유과재여일인

謹權量하며 番法度하며 修廢官하신대 四方之政行焉하니라
근권량 번법도 수폐관 사방지정행언

興滅國하며 繼絶世하며 擧逸民하신대 天下之民歸心焉하니라
흥 멸 국　　계 절 세　　거 일 민　　천 하 지 민 귀 심 언

所重은 民食喪祭러시다 寬則得衆하고 信則民任焉하고
소 중　 민 식 상 제　　관 즉 득 중　　신 즉 민 임 언

敏則有功하고 公則說이니라
민 즉 유 공　　공 즉 열

요임금이 순임금에게 왕위를 물려줄 때 말하였다.

"아! 그대, 순이여! 하늘의 정해진 뜻이 그대에게 와 있으니 진실로 중용의 도를 지키도록 하라. 온 세상의 백성들이 곤궁해지면 하늘이 너에게 내리는 복록도 영원히 끊어질 것이다."

순임금도 이 말을 우임금에게 일러 주었다. 탕 임금은 말했다.

"변변치 못한 제가 감히 검은 황소를 제물로 바치며 위대하신 천자께 아뢰옵니다. 죄 있는 자를 용서하지 않겠으며, 천제의 신하 중 어진 이를 버려둘 수 없으나, 그들을 가려냄은 오로지 천제의 뜻에 달려 있습니다. 제 몸에 죄가 있다면 그것은 세상의 백성들과는 상관이 없으나, 세상의 백성들에게 죄가 있다면 그 죄는 저에게 있는 것입니다."

주나라에서 크게 은혜가 베풀어져, 착한 사람들이 부유해졌다. 무왕

이 말했다.

"비록 가까운 친척이 있더라도 어진 사람이 있는 것만은 못하다. 또한 백성에게 허물이 있다면 그 책임은 나 한 사람에게 있는 것이다."

무왕은 도량형을 신중하게 바로잡고, 법도를 점검하고 폐지한 관직들을 정비하여, 사방의 정사가 잘 시행되었으며, 멸망했던 나라들을 부흥시켜 주고 끊어진 대를 다시 이어 주었으며 초야에 묻힌 숨은 인재들을 찾아내 등용하였으므로 천하의 민심이 그에게로 돌아갔다.

그가 소중히 여긴 것은 백성과 식량과 상사喪事와 제사였다. 관대하게 대하면 많은 사람들을 얻게 되고, 신의가 있으면 백성들이 믿고 따르게 된다. 행동이 민첩하면 공을 이루게 되고 공평하면 백성들이 기뻐하게 된다.

다섯 가지 미덕과 네 가지 악덕

子張이 問於孔子曰 何如라야 斯可以從政矣니이까
자장　문어공자왈　하여　　사가이종정의

子曰 尊五美하며 屛四惡이면 斯可以從政矣리라
자왈 존오미　　병사악　　사가이종정의

子張曰 何謂五美니이까
자장왈 하위오미

子曰 君子惠而不費하며 勞而不怨하며 欲而不貪하며
자왈 군자혜이불비　　노이불원　　욕이불탐

泰而不驕하며 威而不猛이니라
태이불교　　위이불맹

子張曰 何謂惠而不費니이까
자장왈 하위혜이불비

子曰 因民之所利而利之니 斯不亦惠而不費乎아
자왈 인민지소리이리지　사불역혜이불비호

擇可勞而勞之어니 又誰怨이리오 欲仁而得仁이어니 又焉貪이리오
택가노이노지　　우수원　　욕인이득인　　우언탐

君子無衆寡하며 無小大히 無敢慢하나니 斯不亦泰而不驕乎아
군자무중과　　무소대　무감만　　사불역태이불교호

君子는 正其衣冠하며 尊其瞻視하여
군자　정기의관　　존기첨시

儼然人望而畏之하나니 斯不亦威而不猛乎아
엄연인망이외지　　　사불역위이불맹호

子張曰 何謂四惡이니이까
자장왈 하위사악

子曰 不敎而殺을 謂之虐이오 不戒視成을 謂之暴오
자왈 불교이살　위지학　　　불계시성　위지포

慢令致期를 謂之賊이오 猶之與人也로대 出納之吝을 謂之有司니라
만령치기　위지적　　유지여인야　　　출납지린　위지유사

자장이 공자께 물었다.
"어떻게 하면 바른 정치에 종사할 수 있습니까?"
공자께서 말씀하셨다.
"다섯 가지의 미덕을 존중하고, 네 가지 악덕을 물리치면 바른 정치
에 종사할 수 있다."
자장이 물었다.
"다섯 가지 미덕이란 무엇입니까?"
공자께서 말씀하셨다.

"군자는 백성들에게 은혜를 베풀면서도 낭비하지 않고, 수고롭게 일을 시키면서도 원망을 사지 않으며, 뜻을 이루고자 하면서도 탐욕을 부리지 않고, 너그러우면서도 교만하지 않으며, 위엄이 있으면서도 사납지 않은 것이다."

자장이 물었다.

"어떤 것을 가리켜 은혜를 베풀되 낭비하지 않는다고 합니까?"

공자께서 말씀하셨다.

"백성들에게 이롭다고 여기는 바에 따라 그들을 이롭게 한다면, 이것이 곧 은혜를 베풀되 낭비하지 않는 것 아니겠느냐? 또한 부려도 될 만한 일을 택하여 부린다면 그 누가 원망하겠느냐? 인을 실현하고자 하여 인을 이룬다면 어찌 탐욕스럽다 하겠느냐? 사람이 많든 적든, 또한 권세가 크든 작든 감히 소홀히 하지 않는다면, 이것이 곧 너그럽되 교만하지 않은 것이 아니겠느냐? 군자가 의관을 바르게 하고 태도를 위엄 있게 하여 사람들이 그를 어려워한다면 이것이 곧 위엄은 있으되 사납지 않은 것이 아니겠느냐?"

자장이 또 물었다.

"그러면 무엇을 네 가지 악덕이라고 합니까?"

공자께서 말씀하셨다.

"백성을 가르쳐 주지도 않고서 잘못했다고 죽이는 것을 잔학하다하고, 미리 주의를 주지 않고 결과만 보고 판단하는 것을 포악하다고 하며, 명령을 내리는 것은 태만히 하면서 기일만 재촉하는 것을 일을 그르치는 짓이라 하고, 사람들에게 고르게 나누어 주어야 함에도 출납에 인색한 것을 옹졸한 벼슬아치라 하는데, 이것이 네 가지 악덕이다."

군자의 요건

子曰 不知命이면 無以爲君子也오
자왈 부지명   무이위군자야

不知禮면 無以立也오 不知言이면 無以知人也니라
부지례   무이입야   부지언   무이지인야

공자께서 말씀하셨다.

"천명을 모르면 군자가 될 수 없고, 예를 모르면 세상에 나설 수 없으며, 말을 모르면 사람을 다스릴 수 없다."

해설

공자는 군자가 갖추어야 할 세 가지 요건으로 지명知命과 지례知禮와 지언知言을 들고 있다. 지명知命은 곧 만물을 창조하고 다스리는 하늘의 의지를 이해함을 뜻한다. 그리고 예는 사회질서와 인간윤리의 규범으로 지례知禮란 문화인의 사회참여에 필수적인 것이다. 지언知言이란 대화를 통하여 사람의 바르고 바르지 못함을 식별하여 이에 슬기롭게 대처함을 뜻하는 것이다.

인생의 절반쯤 왔을 때 읽어야 할 논어

초판 16쇄 발행 2023년 3월 2일
개정판 1쇄 인쇄 2023년 10월 20일
개정판 1쇄 발행 2023년 10월 25일

지은이 공자
옮긴이 박훈

펴낸이 이효원
편집인 음정미
디자인 별을 잡는 그물
마케팅 추미경
펴낸곳 탐나는책
출판등록 2015년 10월 12일 제 2021-000142호
주소 경기도 고양시 덕양구 삼송로 222, 101동 305호(삼송동, 현대헤리엇)
전화 070-8279-7311 **팩스** 02-6008-0834
전자우편 tcbook@naver.com

ISBN 979-11-93130-23-0 (03140)